令和5年度改訂版

東京都主任教諭選考

職務レポート 合格対策集

編著　佐藤正志

元白梅学園大学教授

教育開発研究所

はじめに

　令和の時代を迎えて5年、情報技術の普及や新型コロナウイルス感染症の流行など学校を取り巻く環境は大きく変化し、それに伴って学校に新たな課題も課せられています。学校は、そうした様々な課題に的確に対応するとともに、これからの時代に対応した教育を創造していくことが求められています。令和3年1月の中央教育審議会答申「『令和の日本型学校教育』の構築を目指して」では、「『日本型学校教育』の良さを受け継ぎながら更に発展」させることの必要性を示しています。この日本型学校教育の良さの一つは、組織としての機能を生かして学校教育を進めているということです。この答申で強調されているGIGAスクール構想の実現についても、学校の組織的な取組を求めています。東京都独自の職である主任教諭には、「特に高度の知識又は経験を必要とする教諭の職」として、そうした学校組織の中核としての活躍が期待されています。

　平成21年4月に主任教諭が初めて配置されてから15年、学校運営におけるその役割が定着し、学校教育の充実に向けて主任教諭の役割はますます重視されるようになってきています。それに伴って、主任教諭選考試験の受験者も増加しています。主任教諭選考に挑戦する皆さんは、これからの東京都の学校教育を担っていく中核であることは間違いありません。

　今後、主任教諭選考の形式は変わっていくかもしれません。しかし、主任教諭としての考え方や学校運営への参画の仕方を身に付けておくことが、選考合格への基本的な道筋であることは間違いありません。この本を活用して選考の合格を目指すことはもちろん、主任教諭としての考え方や実践力を培っていただき、東京都の学校教育の充実のために活躍していただきたいと願っています。

令和5年4月

編集代表　　佐藤正志

2

執筆者一覧・略歴

［編著者］

佐藤正志　さとうまさし
元白梅学園大学教授

東京都公立小学校教諭、東京都教育庁指導主事・統括指導主事、公立小学校長を経て白梅学園大学教授。この間、文部省指導資料作成協力委員、社会科教育連盟代表総務等を歴任する。現在は、狛江市教育長職務代理、日本学校図書館学会名誉会長などを務める。

［執筆者］　※五十音順

石川清一郎　いしかわせいいちろう
前狛江市教育支援センター長

昭和 50 年（1975 年）から東京都町田市、世田谷区、稲城市の小学校教諭を経て、平成 7 年から稲城市内の 2 校で教頭、平成 14 年から八王子市、稲城市で校長。平成 25 年度より同市での再任用校長を平成 27 年度まで務める。

大原龍一　おおはらりゅういち
明星大学教職センター相談員／元明星大学教授

東京都公立学校教諭、教頭、校長を経て現職に。主に、道徳教育指導法、教職課程を担当する。東京都小学校道徳教育研究会の役員、全国小学校道徳教育研究会会長を歴任する。専門は道徳性の評価で、道徳科教科書の編集に携わる。

松浦正和　まつうらまさかず
東京都足立区教科指導専門員／元帝京科学大学教職特命教授

東京都公立小学校教諭、公立小学校長を経て、帝京科学大学教職特命教授。この間、難聴言語障害児学級担任（通級指導学級）、ニューヨーク日本人学校教員、東京都公立学校難聴・言語障害教育研究協議会副会長、港区小学校長会会長を歴任。

山田修司　やまだしゅうじ
公立財団法人日本学校体育研究連合会監事

東京都公立小学校教諭、東京都区市教育委員会指導主事、文京区教育委員会指導室長、公立学校長、帝京平成大学専任講師を経て、東洋大学教職支援室。この間、東京都小学校体育連盟・研究会理事長・会長、東京都教育課程編成資料作成委員、都教委と教職大学院との連携協議会委員等を歴任する。現在は日本学校体育研究連合会監事を務める。

令和5年度改訂版

東京都主任教諭選考

職務レポート 合格対策集

━━ CONTENTS ━━

Part 1 合格への準備・対策

Part **2** 職務レポート 解答例・解説

Data

合格への
準備・対策

Part1 では、主任教諭の職務や主任教諭に求められること、選考の概要・出題傾向、そして職務レポートの書き方などを解説します。合格へ向けて、まずは基礎・基本から押さえていきましょう。

主任教諭の位置づけと役割

主任教諭の設置

　主任教諭は、東京都が平成21年度から任用を始めた独自の制度です。

　平成18年７月の「教員の職のあり方検討委員会報告」において、「多様化、高度化する都民の公立学校教育への期待に、的確に応えていくためには、学校教育を担う教員一人ひとりの意欲を引き出し、資質・能力の一層の向上を図る必要がある」「教員の職責・能力・業績を適切に評価し、処遇に的確に反映させていく制度を構築することが必要である」とあり、これを受けて東京都教育委員会は、教諭及び養護教諭の職を、職務の困難度及び責任の度合いの違いに基づき分化し、新たに主任教諭、主任養護教諭の職を設置しました。また、令和２年４月より主任栄養教諭が新設されました。

○東京都立学校の管理運営に関する規則　第10条の３（主任教諭等）

　学校に、特に高度の知識又は経験を必要とする教諭の職として、主任教諭を置くことができる。

２　学校に、特に高度の知識又は経験を必要とする養護教諭の職として、主任養護教諭を置くことができる。

３　学校に、特に高度の知識又は経験を必要とする栄養教諭の職として、主任栄養教諭を置くことができる。

主任教諭の位置づけ

　右図のように２級職の教諭の職を分化。主幹と教諭の間に位置づけ、主幹のサポート、同僚や若手職員への助言や支援などの指導的役割が期待されています。

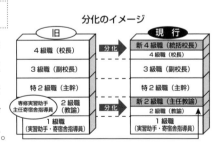

分化のイメージ

主任教諭の役割

　主任教諭、主任養護教諭、主任栄養教諭には、学校の教育活動をよりよく進めるために、ミドルリーダーとして以下のような働きが求められています。

(1) 主任教諭の役割

　○主任教諭は、日常的に若手教員を初めとした教員の相談に乗ったり助言したりする役割をもつ。若手教員の指導育成は校内の人材育成上の大きな課題であり、主任教諭は若手教員の指導育成について、主幹教諭や副校長と連絡・相談しながら組織的に行う。○主任教諭自身も、自分の能力開発について自己研さんに励み、将来の学校経営の中核を担うことを意識し、「学校マネジメント能力」を高める。　　（「東京都教員人材育成基本方針【一部改正版】」平成27年2月）

(2) 主任教諭の職務内容

　主任教諭、主任養護教諭、主任栄養教諭は、学校の教育課題解決に向けた体制づくりや教員一人一人の資質・能力の向上を図るために、以下のような職務を担当します。

　○校務分掌などにおける学校運営上の重要な職務を遂行する。

　○同僚や教諭等に対して助言や支援を行う。

　　　（東京都公立学校の校長・副校長及び教員としての資質の向上に関する指標）

＊　　＊　　＊

「東京都公立学校等職員の標準職務遂行能力を定める規則」（平成28年3月28日教育委員会規則第23号　令和2年4月1日施行）が定められ、主任教諭は「学校運営力、学習指導力、生活指導力・進路指導力、特別活動・その他に関する能力」、主任養護教諭は「学校運営力、保健管理に関する能力、保健指導・その他に関する能力」、主任栄養教諭は「学校運営力、地区における栄養教諭、食育リーダー等の支援に関する能力、学校における食に関する指導・その他に関する能力、学校における給食の管理に関する能力」とそれぞれの職務遂行能力が示されました。

（松浦正和）

事例から見る 主任教諭の職務

事例①
自己主張が強く、他の教職員と協力できない

教務担当 ▶▶▶ 主任教諭として取るべき対応

　A教諭は何事にも自分の考え方ややり方があり、それを強く主張する。学年で足並みをそろえて実施しようとしても、自分のやり方を通し、時には自分が担当する学級だけ別の方法で実施してしまうこともある。そうした状況に、他の教員から苦情がもち込まれることが少なくない。

　学校は組織体であり、その教育機能を高めるためにも学校教育は組織的に行われなければならない。教職員各々が組織人として与えられた役割を自覚し、その責任を果たすことが求められる。A教諭の行動はそれに反しており、許されるものではない。主任教諭として、A教諭に組織の一員としての自覚を促す必要がある。

解説

　他人から指示されたことはできても、自ら行動できる人間が少なくなっていると言われる現在、A教諭は珍しい存在であり、ある意味貴重な人材であるとも言えます。ですから、A教諭を頭から否定するのではなく、そのよさを生かしながら組織の一員として動いていくことの重要性を指導するという考えに立つ必要があります。

　そのためには、まずA教諭の話をしっかりと聞き、その考え方を理解する必要があります。その上で、A教諭の考え方のなかで納得できる部分は取り入れつつ、仲間と協力することの重要性を指導します。抽象的な話ではなく、具体的な場面での行動を示すようにします。これまでの自分の経験などを織り込みながら話すことで、説得力のある話になります。

　いずれにしても、A教諭との人間関係を構築することが、指導・助言の基盤となります。

（佐藤正志）

事例②
分掌された仕事への目的意識が薄く、組織として機能しない

教務担当 ▶▶▶ **主任教諭として取るべき対応**

　学校での仕事の中心は児童・生徒の学習指導であるが、B教諭はそのことだけで手一杯であり、組織の一員としての自覚もない。そのため校務分掌で担当している職務への目的意識が薄くなり、前例踏襲や自分の考えだけでの取組になることが多く、そのことで組織的にも機能不全に陥ることとなった。

　主任教諭としては、常に分掌業務の状況把握に努め、個々の教員への助言や支援を考えておく必要がある。一つの職務の停滞が組織全体に影響を与えることから、組織の一員としての意識を醸成するための手立てを講じていくことが求められる。

解 説

　校務分掌内の担当は、これまでの経験や内容の重要度、複数の担当者の組み合わせ、全体の構成との関わりなど、様々な要素を勘案して、年度初めに決めていくことになります。ただ決めて終わりではなく、組織として機能しているのか、進捗状況はどうなのかを把握していく組織でなければいけません。個々の担当主任同士がどのような関わりをもつのか、教務主任と学年主任の関係、特別活動主任と体育主任の関係など、日頃から密接な連携を考えておく必要があります。

　また、担当職務を円滑に進めていくためには、分掌担当の提案や仕事が見える形にしておき、状況によっては主任教諭が支援・助言することも求められます。特に、担当者の職務に対する意識が薄くならないよう、仕事の目的や組織的な位置づけなどを明確にし、いつもそのことを振り返りながら進めていくことを意識づけていくように努めなければなりません。達成感や成就感を認めていくことも大事になります。

（山田修司）

感染症対応のため、学校運営組織の見直しと活性化の課題解決の方策が予定通り進まない

教務担当 ▶▶▶ **主任教諭として取るべき対応**

　C教諭は分掌担当になったことで、自分が中心となってやらなければという意識が先行し、全体的な組織運営への関与ができていない。学校運営に直接関わる組織の課題についてはC教諭が一人で考えるのではなく、複数の意見を交換することで緊急の課題に対応していく必要がある。

　主任教諭として、現状をもう一度整理し、何が問題となっており、何を進めて・何を進めてはいけないのか、関係する教員の意見を集約し、今後の方向性と具体的対応策を早急に協議していく。加えて、管理職にも報告し考えを聞くとともに、担当者の資質の問題や運営上の問題点への対応の仕方なども改善していく必要がある。

解 説

　主任教諭は全体的な視野に基づいて自分の担当している職務を把握しておく必要があります。日頃から個々の分掌担当者との連絡・調整を図り、状況や問題点を主幹教諭である教務主任とも共有し、学校運営に支障が出ないようにしていきます。

　担当者に任せた仕事は、ある程度は主体的に取り組ませ、様子を見ながら状況によっては具体的な支援を行います。ちょっとしたことで介入していたのでは教員の成長にとって好ましくありませんが、職務が停滞し学校運営に支障が出るようでも困ります。その辺の見極めをすることも主任教諭として大切な対応となってきます。どの部分を任せ、どの内容に一緒に関わるのかを判断しながら進めていく必要があります。早急に対応策を講じて最小限の遅れにとどめるようにしましょう。

　担当者に対しても、このような状況をしっかり認識させ、責任をもって職務に取り組ませることで、組織的な学校運営の在り方や大切さについて理解できるよう指導していくことも大切になってきます。

（山田修司）

組織で分担した仕事ができていないのに、ごまかそうとする

生活指導担当　▶▶▶ 主任教諭として取るべき対応

　D教諭は、校務分掌で担当している生活指導に関する仕事の取組状況に明らかに遅れが生じることがある。また、他の教員との連携不足により、連絡が担当者全体に伝わらず対応できない状況が生じているにも関わらず、その状況に対する責任を感じないまま、進行させてしまうことがある。

　このような事態に主任教諭として、D教諭の担当内容や進捗状況を把握し、仕事に支障が出ないように、組織的な見直しを図らねばならない。また再発防止のため、原因を明確にして個人的資質の問題や組織的対応の不十分さなどを改善していく必要がある。

解 説

　主任教諭は、自分の担当している校務については、日頃より個々の担当者との連携を図り、進捗状況や課題、他の校務との関係や関係学年等の調整などについてきめ細かく状況を把握しておかなければなりません。

　個々の教員の任された仕事内容について、逐一報告を求めたり意見をしたりしていては、教員の成長を阻害する一因にもなりかねず、難しさもあります。どの部分を任せ、どの内容に一緒に関わっていくのかを判断しながら仕事を進めていく必要があります。すでに問題が生じている内容に関しては、早急に対応策を講じて最小限のダメージに抑えましょう。

　虚偽の状況報告を行うなど、責任を感じていない教員に対しては、組織的な学校運営の在り方や大切さについて、もう一度指導し、理解させていくことも大切です。一人の教員の軽率な行動が学校全体のマイナスにつながることなどを、根気よく伝えていきましょう。

（山田修司）

適度な運動や食事、睡眠などの基本的生活習慣が不規則な生徒が目立つ

生活指導担当・主任養護教諭 ▶▶▶ 主任教諭として取るべき対応

　夜遅くまで人通りの絶えない商店街を抱えるＥ中学校では、朝会の時に気分が悪くなって倒れてしまう生徒や、身体の不調を訴えて保健室を訪れる生徒が少なくない。また、午前中はボーとしていて授業に身の入らない生徒も多い。「Ｅ中学校の決まり」という生活上のめあてはあるが、それを意識している生徒は少なく、毎日遅刻する生徒もいる。また、毎年行う体力調査や学力調査の結果は市の平均を下回っている。これらは、不規則な生活習慣に起因していると考えられる。

　主任教諭あるいは主任養護教諭としては、こうした基本的生活習慣の乱れを放置しておくことは許されない。早急に改善のための方策を立案し、対応していかなければならない。

解説

　基本的生活習慣は子供の学習や生活の基盤であり、円滑な教育活動を進めるためにその確立を図ることが重要です。文部科学省も「『よく体を動かし、よく食べ、よく眠る』という成長期の子どもにとって当たり前で必要不可欠な基本的生活習慣が大きく乱れています。こうした今日の子どもの基本的生活習慣の乱れが、学習意欲や体力、気力の低下の要因の一つとして指摘されています」と基本的生活習慣の重要性を強調しています。

　早急に基本的生活習慣を改善するための方策を立案し、生活指導主任を務める主幹教諭や管理職に提言する必要があります。改善策の視点は、二つです。まず、生徒に基本的生活習慣の重要性を理解させ、自己の生活習慣を見直させることです。第二は、保護者への啓発活動です。保健だよりやホームページを活用した情報提供、保護者会の活用などが考えられます。いずれにしても、学校全体で活動方針を共通理解し、組織的な活動を進めていくことが大切です。

（佐藤正志）

学習指導要領の考え方に立った
新しい提案が受け入れられない

研究・研修担当 ▶▶▶ 主任教諭として取るべき対応

　学習指導要領が全面実施されて数年たち、その趣旨の具現化を図ることが課題となっている。その一つが「主体的・対話的で深い学び」の視点に立った授業改善である。そのための授業研究の実施を提案したが、「生活指導を充実させることを優先すべきである」として、ほとんどの教員に受け入れてもらえなかった。

　主任教諭は、こうした状況を克服し、学習指導要領の考え方や趣旨を周知し、具現化していく役割を担っている。

解 説

　学校は、学習指導要領の規定を踏まえ、その趣旨の実現を図ることが求められています。ですから、「主体的・対話的で深い学び」の視点に立った授業改善はとても重要で、その推進に向けた授業研究の実施の提案は適切でした。では、なぜそれが受け入れられなかったのでしょうか。生活指導を優先させるという主張は、本心なのでしょうか。それを探り、対策を考えることが、主任教諭として学校経営に参画する第一歩です。

　反対した教員の本心として、第一に考えられるのが「主体的・対話的で深い学び」の重要性を理解していないということです。その理解のためには、最新の情報を提供することが必要です。外部の講師を呼んで話を聞くこともよいでしょう。講師の適任者を選定し、管理職に提案することは主任教諭の重要な役割です。

　また、授業研究に拒否反応を示していることも考えられます。その場合は事例研究を数回行ってから授業研究というプロセスを取ること、若い教師を説得して授業研究に取り組ませることなどが考えられます。先生方が課題とした生活指導の充実については、生活指導主任とよく相談することが必要です。

（佐藤正志）

教育活動の原案が常に昨年通りで改善されない

特別活動担当　▶▶▶ 主任教諭として取るべき対応

　F教諭は、担当した学校行事を昨年度と変わらない案で提出してきた。昨年の記録や資料は残っており、今年も同じように進めていけば、大きな間違いはなく、一定の成果や結果が残せるため、現状のままでよいと考えているようである。しかし、安易に前例踏襲に流れてしまっては、自らの能力の向上を妨げる危険性も孕んでいる。この時点では、まだ会議や打ち合わせで原案を検討する機会はあり、昨年度の課題を修正・改善することは可能である。

　自分の担当職務について常に改善し、よりよくしていく意識をもちながら進めさせるため、主任教諭として組織的な仕組みを考え、指導していくことが必要である。

解 説

　多忙を極める学校現場において、自己の担当行事の提案を考える時にどうしても前年度と同様であったり、残っている資料をそのまま活用したりしがちです。確かに数年にわたって行われてきたことは、それなりに精錬され、ある程度、完成度の高い内容と言えます。

　しかし、学校としての考え方、保護者・社会からのニーズの変化、職員構成や児童・生徒の実態の違いなど、学校が数年前からまったく同じ状況にあるわけではありません。

　このような要素を考え、昨年度の振り返りや課題を踏まえれば、新しい要素を含んだ原案となると考えられます。また、組織的にもそのような検証をしていく場を設定していく必要もあるでしょう。そのような取組のない組織は旧態依然としたものとなり、学校教育の後退につながっていきます。

　主任教諭としてもう一度組織を見直し、どこでどのような検証や改善をしていくのかを明確にします。そして、全体への提案までの道筋を共通理解していく必要があります。

（山田修司）

事例⑧

共通理解したはずの仕事が
期日までにできない

学校図書館担当 ▶▶▶ 主任教諭として取るべき対応

　校長から「学校図書館を活用して学習指導の充実を図る」ということを指示された学校図書館を担当するG主任教諭は、各学年・教科ごとの学校図書館活用計画を作成することを考えた。その趣旨やねらい、具体的な内容や作成方法をまとめ、校長の許可を得て4月当初の職員会議で提案した。いろいろ意見は出たが、9月中に各学年で試案を作成するということで共通理解した。しかし、10月になって各学年の担当者に集まってもらったところ、二つの学年が手つかずの状況であった。

　主任教諭の重要な職務の一つとして、担当する職務の進行管理がある。学校図書館活用計画を作成するというG主任教諭の考えは的確で、全教職員で共通理解を図るための手順も間違っていない。しかし、共通理解をした4月以降、G主任教諭からの積極的な働きかけは行われていない。主任教諭として定期的に各学年の進行状況を確認し、必要に応じて助言をしたり必要な資料や情報を提供したりする必要があった。目的の達成に向け、教職員の仕事が円滑に進む環境を整えることは、主任教諭の重要な役割である。

解 説

　学校教育は組織的な営みであることは周知のことと思います。組織的営みとは、共通の目標に向けて所属職員が協力し、役割分担しながらその達成を目指す営みです。それは、一人一人の所属職員が、与えられた役割を確実に果たすことが前提となります。そのために、主任教諭として担当する職務の進行状況を的確に把握する必要があります。日常的に進行状況を見守ったり、声をかけたりして確認することが必要です。その上で、円滑な推進に向けて必要な助言をし、支援することになります。その状況は、適宜、管理職や主幹教諭に報告・相談して助言を受けるようにします。

（佐藤正志）

研修意欲が低く、教師としての力量が向上しない

学年主任 ▶▶▶ 主任教諭として取るべき対応

　H教諭は新規採用4年目であり、そろそろ学級経営や学習指導など教員としての基本的な力を身に付けてよい年齢である。しかし、教室は落ち着かず、常にH教諭が子供を強く叱責する声が聞こえていて、教師としての力量の向上が感じられない。悉皆の研修には参加するが、放課後に開催している若手教員の学習会に誘っても、参加することはなかった。指導上の悩みはあるのだろうが、先輩や他の教員に相談する姿も見られなかった。

　主任教諭の重要な職務の一つに、同僚や若手教員への助言・支援などの指導的役割を果たすことがある。

　H教諭は、教員としての資質・能力の向上に積極的に取り組もうという意欲がないことは明らかである。こうした教職員には積極的に関わり、資質や能力の向上に寄与していくことが、主任教諭の重要な役割である。

解説

　教育基本法9条で「学校の教員は……絶えず研究と修養に励み、その職責の遂行に努めなければならない」と規定されています。しかし、そのことをいくら言葉で伝えても、H教諭は変わらないでしょう。まずは、H教諭との信頼関係を構築することが必要となります。H教諭もいろいろな悩みを抱えているはずですから、積極的に話しかけてその悩みを聞くところから始めることがよいと思います。指導するということではなく、悩みを聞いて相談相手になるという姿勢が大切です。具体的な話ができるようになったら、研修の必要性やおもしろさなどを指導・助言していきます。

　こうした対応の経過は随時、主幹教諭や管理職に報告し、適切なアドバイスを受けるようにしてください。

（佐藤正志）

事例⑩
授業力がなく、常に高圧的な指導をしている

学年主任 ▶▶▶ 主任教諭として取るべき対応

　新規採用３年目のＪ教諭は、学習指導に自信がもてなかったり、児童・生徒との関係をうまく築けなかったりしていた。Ｊ教諭は、指導を進めるために教員としての立場を利用して高圧的な言動をしているケースが見られる。

　学校は、学年を単位として組織運営されることが多いため、学年主任が中心となって指導を行うことになる。経験年数の少ない教員がこのような言動をするのであれば、校内の研修組織担当者やスクールカウンセラーなど、立場の異なる人からアドバイスをもらったり、相談の機会をもったりする場を設けるとともに、継続的な授業参観や指導を行っていく必要がある。

解　説

　教員の年齢構成や経験年数を見ると、若手が半数以上を占める学校が多くなり、組織的な研修や指導の場をつくっていく必要があります。

　しかし、指導の状況がうまく把握できず、学級での様子が分かりにくいことも往々にしてあります。主任教諭が当該の教員はもとより、他の学級の教員、また児童・生徒からも様子を聞き取っておくことが大切になります。管理職等の定期的な授業観察の機会等も合わせて情報の収集ができる体制が望まれます。

　教員本人への指導ですが、高圧的になっている原因を十分に探り、指導力の欠如であれば、校内での研修体制の中でできることを考えたり、個別に指導できる場を整えたりすることが求められます。児童・生徒との関係性においても、心の問題としてスクールカウンセラーや生活指導主任等とも連携しながら、一つ一つ問題点を解決していく必要があり、そのコーディネーター役を主任教諭が果たしていくことも大切です。

(山田修司)

発達障害の可能性があるのに、保護者が認めようとしない

特別支援教育担当 ▶▶▶ **主任教諭として取るべき対応**

　K教諭は特別支援教育を担当している。発達に課題のある児童・生徒が学校生活を送っていくなかで、学級内での児童・生徒同士の関わりに困難が見られることが気になっていた。そのことを当該児童・生徒の保護者に伝えると、その事実や見方に対して保護者が拒否反応を示し、障害の受容ができなかった。

　直接的には主任教諭である学年主任や特別支援教育担当主任等が保護者に対応する必要がある。日頃の学校での様子や集団生活での課題などを伝え、様々なサポートによって課題が改善されていくことを、他の事例等を紹介するなどの分かりやすい形で理解を求め、支援していく。併せてK教諭には、児童・生徒の困り感を改善するために、学校と保護者の協力が大切なことを助言していく。

解説 ┄┄

　自分の子供の障害を受容できない保護者がいるのは珍しくなく、子供のことを一緒に考えていこうとする姿勢で臨む必要があります。確かに、発達障害に関する法律が整備され、教員の発達障害に対する理解も進み、各学校での指導事例も増えています。学校の体制も以前に比べれば改善されてきていますが、当事者となる保護者の不安は変わりません。

　主任教諭としては、児童・生徒の状況を保護者の不安を考慮しながら伝え、今どうすることが子供のためになるのかを中心に、共に考えていく環境を整えます。スクールカウンセラーや特別支援教育コーディネーターなどとも連携し、他の事例等を通して改善の様子を伝えていく必要もあります。

　学級内でできること、特別支援学級や特別支援教室等での指導などについても、実際に指導場面を見学したり担当者と相談をしたりする場を設けることで、十分な理解を進めていくことが大切です。保護者との信頼関係の構築が問題解決に欠かせません。

（山田修司）

事例⑫

食事などに偏りがあり、著しい肥満傾向を示す児童が多い

主任栄養教諭 ▶▶▶ 主任栄養教諭として取るべき対応

　新興住宅地にあるL小学校では、肥満傾向を示す児童が増え、教員の間で話題になっていた。食べ物の偏食が多く、給食の献立によっては残滓も多いという栄養士からの報告、生活指導主任からは休み時間に外で遊んでいる児童が減ってきているという報告があった。

　食育の推進は、学校教育に課せられた重要な課題であり、肥満傾向を示す児童の増加に対して、主任栄養教諭としてしっかりと取り組んでいかなければならない。

解 説

　食生活を取り巻く社会環境の変化のなかで、児童・生徒の食事の摂り方や内容などに問題があることが指摘されており、学校教育において食育を充実させることが求められています。文部科学省では、このことに関して「学校における食育の推進においては、偏った栄養摂取などによる肥満傾向の増加など食に起因する健康課題に適切に対応するため、児童が食に関する正しい知識と望ましい食習慣を身に付けることにより、生涯にわたって健やかな心身と豊かな人間性を育んでいくための基礎が培われるよう、栄養のバランスや規則正しい食生活、食品の安全性などの指導が一層重視されなければならない」としています。

　この食育の推進について、まず、児童・生徒の生活実態調査が必要です。その結果をまとめ、全教職員で共通理解した上で、具体的な取組を推進していきます。具体的には、児童・生徒に食の重要性を理解させ、自己の食生活を見直させることが重要です。給食委員会や保健委員会の活用などを考えてください。次に、保護者の啓発が必要となります。給食だよりやホームページを活用した情報提供、保護者会の活用などが考えられます。主任栄養教諭として、組織的な取組を考えていく必要があります。

（佐藤正志）

主任教諭選考の概要
職務レポートの出題傾向

主任教諭選考を取り巻く状況

　平成21年度、高度の知識または経験を必要とする新たな「職」として設置された主任教諭の選考状況は、年々変容してきています。特に、小学校籍の最終合格者の割合は低く、直近（令和4年度）の受験倍率は3倍と、合格することは容易ではありません。

　令和4年度主任教諭選考では、以下のような実施要綱が示されました。

【受験資格者】

(1)　現に東京都公立学校の教諭、養護教諭又は栄養教諭

(2)　臨時的任用教員としての経験も含め、国公私立学校の教職経験
　　8年以上（都正規任用教員歴2年以上）の者

(3)　年齢：満30歳以上60歳未満の者

【選考方法】

(1)　職務レポート（手書き）※1題出題する（1,500字程度）

(2)　勤務実績：業績評価により主任教諭としての能力と適性につい
　　て評定する

　令和4年度の選考は、受験生が選考会場に集合して時間制限（90分）内で職務レポートを書く形式に戻されました。また、令和2年度まで同一だった問題のリード文が令和3年度、令和4年度と続けて変更されています。変更の意図を踏まえ、職務レポートを作成することが大切です。

　ただし、主任教諭に求められている役割や資質・能力に変わりはありません。日頃から、自己の担当職務や校務分掌での業務遂行について、主任教諭の視点から振り返り、改善に努めるようにしましょう。

職務レポートの出題傾向

　職務レポートでは二つの設問に答えます。設問（2）は毎年変わりませんが、設問（1）の内容が変わります。過去の設問（1）で問われている内容を見てみましょう。

●平成25年度：担当する職務を組織的に進めていく上で、現在課題と考えること

●平成26年度：教職員間の連携を図る上で、現在課題と考えること

●平成27年度：校長の示す学校経営計画などの目標を達成していく際に、課題となること

●平成28年度：教諭等への助言や支援を行う上で、課題となること

●平成29年度：家庭、関係機関等との適切な連携を図る上で、学校の課題となること

●平成30年度：担当する業務の進行管理や調整を図る上で、課題となること

●平成31年度：児童・生徒理解を基に、実践的・効果的な指導を行う上で、課題となること

●令和2年度：教諭等に対して助言や支援を行う上で、課題となること

●令和3年度：特に学校運営の改善を図る上で、課題となること

●令和4年度：担当する分掌において、特に全体の進行管理を行う上で課題となること

　出題は、主に以下の役割を担う視点から問われています。
①校務分掌などにおける学校運営上の重要な役割
②同僚や若手教員への助言・支援などの指導的役割
　学校運営の中核を担うミドルリーダーとしての具体的な職務遂行を行う視点からの出題が多い傾向にあります。　　　　　　　　（石川清一郎）

職務レポートとは

職務レポートの捉え方

　職務レポートとは、職務のなかで直面してきた課題について、現状や問題点、原因などを整理し、主任教諭、主任養護教諭、主任栄養教諭になった場合に、どのように課題を解決していくか、具体的な方策を示しながら自分の考えを分かりやすく述べるものです。したがって、ある程度の経験があり、常に課題意識をもち、自分の担当職務について整理し、マネジメントしている教諭であれば、主任教諭選考に対応できます。

出題にあたっての考え方

　職務レポートでは、以下の点を評価するために出題されます。

① 学級担任や教科担任として、児童・生徒への実践的・効果的な指導が行える職務遂行能力を有することを評価する。

② 校務分掌上の主任を担うなど、学校運営における中心的な役割を果たす資質・能力があることを評価する。

③ 校長が作成する学校経営方針等の具現化に向けて、主幹教諭を補佐し、学校運営に積極的に参加する意欲・能力があることを評価する。

④ 若手教員等への助言や支援などができることを評価する。

⑤ 教員としての使命感、責任感、社会性及び協調性があることを評価する。

職務レポートの作成に向けて

　職務レポートの作成においては、主任教諭等の役割や能力について理解を深めた上で、過去に出題された問題で実際に職務レポートを書いて練習することが効果的です。「何が」問われているのか、出題の趣旨を理解して論述することが大切です。

⑴ **設問（1）**

○出題の趣旨

　受験者が課題意識をもって自分の担当職務の改善に取り組むとともに、学校運営を積極的に推進していこうとしているかを評価します。

○論述にあたっての留意点

　担当する教科や学年、校務分掌等での職務を遂行するなかで捉えた組織運営等についての課題と、「なぜ」課題だと考えたのかという理由について、実践・経験等を踏まえて具体的に述べることが大切です。

⑵ **設問（2）**

○出題の趣旨

　受験者が主任教諭、主任養護教諭、主任栄養教諭の職務を正しく理解し、主任教諭として課題を解決する能力を有しているかを評価します。

○論述にあたっての留意点

　「管理職や主幹教諭への報告・連絡・相談」「同僚や若手教員への助言・支援」など、主任教諭等としての役割を踏まえ、「組織を円滑に機能させ推進するための具体的な取組」について論述することが大切です。

⑶ **職務レポート全体を通して**

・主任教諭、主任養護教諭、主任栄養教諭としての自覚、職務に対する熱意や使命感が読み手に伝わる論述をしましょう。

・論述の展開や内容に一貫性をもたせ、人権への配慮など適切な表現を用いることに留意しましょう。

＊　　　＊　　　＊

　職務レポートの作成にあたり、上記のような出題の意図や趣旨を踏まえ、日頃から主任教諭の視点で自らの取組を振り返り、見えてきた課題を解決していく意欲と実践の積み重ねが大切です。そのために、担当する職務の課題を明確にし、具体的な課題解決の方策を用意しておくことが必要です。

（石川清一郎）

職務レポートの書き方

　令和4年度の主任教諭選考では、選考会場で制限時間内（90分）に職務レポートを書く選考形式に戻されました。受験生の皆さんは令和4年度での選考形式を念頭に置いて受験準備を進めておくことが大切です。

▌令和4年度に出題された問題を確認する

　ここでは、令和4年度に出題された問題を確認し、職務レポートをどのように書いていけばよいのかを考えてみましょう。

【令和4年度 主任教諭選考 職務レポート問題】

　主任教諭、主任養護教諭及び主任栄養教諭には、担当分掌において、自分の担当する業務の進捗状況を確認しながら分掌全体の進行管理をすることが求められています。

（1）このことについて、あなたの担当する分掌において、特に全体の進行管理を行う上で課題となることは何か、2点挙げて、その理由を述べなさい。

（2）（1）で述べた課題を解決するために、あなたは主任教諭、主任養護教諭又は主任栄養教諭としてどのように取り組むか、あなたの実践・経験に触れながら具体的に述べなさい。

▌問われていることに〈正対〉して書く

　設問（1）・（2）で問われていることに〈正対〉して書くことが、合格の必須条件です。特に、設問（1）でそのことができているかが合否の分かれ目となります。令和4年度の問題は、令和3年度に引き続き問題のリード文が変更されました。設問（1）で「このこと（＝分掌全体の進行管理)」の課題を2点挙げ、その理由を述べるよう求めています。

何を論述しなければならないかをしっかりと読み取ることが大切です。

■ ポイント1 ☞「何を」書くのかを正しく捉える

令和4年度の問題を例にして、明確に捉えてみましょう。

○設問（1）

・「あなたの担当する分掌」

> ▶分掌（校務分掌）とは、学校内における学校運営上必要な業務分担のことです。皆さんが所属校で担当している複数の分掌の中から、どの分掌で論述するかを選択します

・特に全体の進行管理を行う上での「課題」2点

> ▶ここで示された「全体」が何を指しているのかを読み取ります。問題のリード文に「担当分掌において、自分の担当する業務の……分掌全体の進行管理をすることが求められています」とあるので、「全体」とは、あなたが分担されている「分掌組織」を指しています

・挙げた「課題」2点が〈なぜ〉課題なのかという「あなたの考え」

> ▶〈なぜ〉課題なのかという自分の考えを述べることが、「理由」を述べることになります。担当する分掌において〈何のために〉進行管理を行うのかを考え、明確にしておくことが大切です

○設問（2）

・主任教諭、主任養護教諭、主任栄養教諭として「どのように取り組むか」

> ▶主任教諭として〈このように取り組む〉という書き方をします

> ▶（1）で挙げた課題2点に対応した書き方をします

職務レポートは〈問われていること〉だけを書きます。例年、自分の職歴や所属校の概要等に類する記述が散見されます。問われていることに関係のない記述がないか十分に注意し、首尾一貫した論述を展開しましょう。

■ ポイント2 ☞ 職務レポート〈メモ〉を作成する

「担当する分掌」「課題2点」「課題と考えた理由」「解決のための取組」の順にメモを作成してみましょう。内容を整理して構成を考えます。

（メモ例〈小学校教諭〉）

[担当する分掌] ○第5学年を担任　○特別活動部
[全体の進行管理を行う上で課題となること（2点)]
　　○課題1：教員間の連携不足
　　○課題2：職務に関する情報の共有不足
[課題と考えた理由]
　　○課題1：特別活動部内の仕事は複数の担当者が配置されているが、
　　　　　　主担当一人で進められており、組織的に行われていない
　　○課題2：校内で特別活動部の取組に関する情報の共有が不十分
　　　　　　で共通理解が図られていない
[主任教諭として取り組む解決策]
　　○解決策1：主担当以外の担当教員の役割や立場を明確にするこ
　　　　　　　とを提案する
　　○解決策2：分掌ごとに職務の予定や進捗状況をまとめた「業務
　　　　　　　進行表」の作成・配布を提案する

（メモ作成上の留意点）

・課題の設定は、担当分掌において「全体の進行管理ができている具体
　的な状況（課題を解決した時に実現している具体的な状況）」と「現状」
　とのギャップを明確にすることが大切です。また、担当分掌の業務には、
　自分が担当している業務のほかにどのような業務があるのかを理解し
　ておくことが必要です。

・設問（2）では、課題解決のための具体的で実現可能な取組になって
　いるかという視点で、〈メモ〉作成時に十分に検討しましょう。

・〈メモ〉は箇条書きで簡潔に整理しましょう。

・〈メモ〉は「手書き」で作成しましょう。本番は「手書き」です。

■ ポイント3 ☞ 読み手に読まれて職務レポートは完成する

　職務レポートは、読み手（採点官）に読まれて完成します。読み手が

読んだ時に、あなたの「考え」が伝わる論述の展開や表記になっているかが大切です。また、設問で問われている要点がどこに記述されているのか分かりやすいように、「小見出し」を付けた表記も一つの書き方です。

(書き方例)

(1) 担当分掌における課題

　私は本年度、○○部において○○を担当している。……（以下、・全体の進行管理を行う視点での担当分掌の受け止め　・「何のために」全体の進行管理を行うのかという自分の考え等を記述する）……

　▶175字（5行）程度で書きます。この部分を序論として（1）の前に
　　出してもかまいません

【課題1】──小見出し──

【課題2】──小見出し──

　▶小見出しは本文で何が書かれているか、課題を解決すると何が実現
　　できるのかが端的に分かる表記にします

　▶小見出しの語尾は用言止め・体言止めどちらかで揃えます

　▶本文では課題だと考えた理由を記述します

(2) 主任教諭としての取組

　私は主任教諭として、課題解決へ向けて以下のように取り組む。

【解決策1】──小見出し──

【解決策2】──小見出し──

　▶小見出しは取組の内容が端的に分かる表記にします

　▶自分の実践や経験を踏まえ、実現可能な解決策を記述します

(記述上の留意点)

・職務レポートには字数制限があります（1,225字以上1,505字以下）。
　設問（1）は700字程度、設問（2）は800字程度と、バランスよく書きあげられるように過去問題等で練習を重ねましょう。

・文字は丁寧に書きましょう。読み手が読み取れない文字や、誤字・脱字がないよう注意してください。大幅な減点の対象となります。

（石川清一郎）

採点官はここを見ている！
合格へのポイント

■ 学習指導要領に基づく取組と ICT 活用を意識して書く

　コロナ禍での不自由な教育活動が続くなかで、「個別最適な学び」と「協働的な学び」の一体的な充実や、1人1台PCをはじめとしたICT活用への取組が必須の状況になりました。「主体的・対話的で深い学び」の実現に向けた授業改善も含めて、子供たちの育成やICT活用にどう取り組むかを記していきましょう。ここでは、どんな論題にも対応できるように令和5年度予想問題①（P42）を例に解説します。

■ 条件や課題に対応して書く

⑴　指定された字数の範囲内で書く

　「合計43行（1,505字）以内で述べなさい。ただし、35行（1,225字）を超えること」と規定されています。

⑵　決められた内容を満たす

　まず、「あなたの担当する職務において」とあるので、自分の担当する職務を明確にする必要があります。そして、仕事を進める上での課題を2点挙げ、なぜそれが課題なのか理由を述べます。

　「担当する職務」とは、例えば学年主任や教科主任など校務分掌上の役割のことです。主任ではない場合も、例えば教務担当や研究・研修担当、生活指導担当等です。そして学級担任でしたら学年・学級担当ということになります。専科の先生方は音楽教育担当、図工教育担当等となります。

　「（仕事を進める上での）課題」とは、学年主任であれば、校長の経営方針を受けて、その学年としてどう子供を育てていくかを共通理解し、学年として共通して取り組む際の課題です。例えば「打ち合わせたことを日常の教育活動に生かし、学年として共通の指導を行うこと」などです。

　「（上記を課題とする）理由」とは、例えば「毎週末に次週の予定や学

習指導などについて、そのねらいや方法等について打ち合わせを行っているが、確認が十分とはいえないことがあり、学年として同一歩調がとれるように共通の指導を行うことが必要と考える」などです。

　次に、課題を解決するために、自分の実践・経験に触れながら具体的に述べます。今の立場ではなく、主任教諭、主任養護教諭、主任栄養教諭の立場でどう取り組むのかを述べなければなりません。

　「課題を解決するため（の方策)」とは、例えば「週末に行っていた打ち合わせを週の半ばにも行い、そこで打ち合わせた取組の経過や結果を確認し、その後の教育活動を打ち合わせる」などです。

　「あなたの実践・経験に触れながら」とは、例えば「私は初任時代、学年主任の先生が日常的に取り組むべき事項を確認してくれたことで、安心して指導に取り組むことができた。そこで、週の半ばに確認や相談のできる機会をもつことは有効だと考える」などです。

▌見やすく分かりやすく書く

(1)　手書き論文なので乱筆乱文にならないように

　一文字一文字丁寧に書きましょう。もちろん、誤字・脱字のないようにしましょう。文章は敬体（です・ます調）でも常体（である調）でも結構です。ただし、混在してはいけません。統一します。

(2)　三段構成を意識して書く

　内容の構成は、例えば「①自分の担当職務や課題とその理由」「②解決策１」「②解決策２」「③まとめ」などです。

▌具体策は前向きで実現可能なものを書く

　否定的な文章や抽象的な文章は避けます。そして、理想論や抽象論ではなく、実際にできる具体的な取組を記します。働き方改革が求められています。時間的なことも考慮に入れましょう。

　具体例は、P44以降に掲載している論文例を参照してください。

（松浦正和）

主任教諭選考
合格を勝ち取る勉強法

■「プレゼンテーション能力」を高める

　まず、「読み手」を意識した記述を心がけましょう。濃く、大きな字で丁寧に書く習慣を身に付けたいものです。1,500字を埋めるには時間もかかるので、時間内で仕上げるには普段から書き込んでおくことです。

　次に、端的に筋の通る文で、しかも、適切に表現できるようにしておかなければなりません。特に一文が長いと読みにくい上、歯切れが悪く、力強さがなくなります。何回も何回も推敲して完成度を高めます。自校の管理職からも指導を受け、文章修行を心がけましょう。

■「知識」を蓄え、「見識」を磨き、「胆識」を身に付ける

　「文章を書く」ことはアウトプットです。インプットがなければ何も出てきません。しかし、仕入れたものをそのまま書いても、自分の考えや意見ではなく単なる引用です。そこに「見識」はありません。見識とは、得た知識に基づいた自分なりの考えや意見、具体的方策のことです。しかも独りよがりなものではなく、大方の者が納得し「やってみよう！」というものでなければなりません。知識を獲得するとともに、見識を磨き、腹を据えて実行する覚悟（胆識）を自身に養うことが大切です。

⑴　主任教諭の役割等について再度自覚を深めましょう

　東京都教育委員会による「主任教諭選考実施要綱」やホームページ等を参照し、職務の在り方や役割を自分なりにまとめておきましょう。

⑵　「学習指導要領解説」や「生徒指導提要」から学びましょう

　まず「学習指導要領解説・総則編」を読み込みます。「生徒指導提要」の熟読も忘れてはなりません。これからの学校教育の在り方について詳しく書かれています。全てはここが出発点です。必ずノートに要点をまとめ、そこから気づいたこと、考えたことなどをメモしておきます。主

任層は教育課程及び生徒指導全般に精通しておくことが求められます。

　また、各教科の解説の内容について把握しておきましょう。主任教諭選考を受験する方のなかには、各教科の主任を任されている方も多いのではないでしょうか。各教科のカリキュラム・マネジメントにリーダーシップを発揮できるよう、特に「育成を目指す資質・能力」「主体的・対話的で深い学び」については、それぞれの教科の特質に応じて具体的に提言できるようにしておくことです。

自校の実態から課題を明確にし、解決の方途を考える

　置かれた立場や任された職務から自校の実態をよくつかみ、問題や課題は何なのか、どのようなところにあるのかを明確にします。そして、その原因や要因について分析・考察し、解決の方途を見つけます。

　次に実践です。主幹教諭や管理職に相談し、助言を受けながら解決に向けて自ら動きましょう。そして評価し、次のアクションプランを策定するのです。これが職務レポートに求められているところの「主幹教諭の補佐」であり、「同僚や若手教員への助言・支援などの指導的役割」です。すなわち学校運営への参画につながるのです。

　時には、抵抗や反発にあうこともあるでしょう。自分を信じて果敢に行動してください。それが主任としての実践力を磨く勉強となるのです。それを「胆力がつく」といい、肝が据わります。文章ににじみ出てきます。また、それをじっと見ている人がいることも忘れてはなりません。管理職からの業績評価（これがものをいう）はもちろん、同僚等からの信頼や尊敬は、今後の仕事を進める上での大きな力となるでしょう。

「人間力」を身に付ける

　忙中閑あり。広く読書をしましょう。知性と教養を身に付け、人間力を高めてください。「冷に耐え、苦に耐え、煩に耐え、閑に耐え」（四耐）を大切にし、周りから一目置かれるよきリーダーになるべく自らを高める努力を怠らず、精進してください。期待しています。　　　　（大原龍一）

これまでの選考を振り返る

問題のリード文変更の意図を踏まえる

　主任教諭の選考が「職務レポート」を作成することになってから、出題された問題のリード文は、令和2年度まで変わりませんでした。

【令和2年度までの問題のリード文】

　主任教諭、主任養護教諭、主任栄養教諭には、学校の教育課題解決に向けた体制づくりや教員一人一人の資質・能力の向上を図るために、

・校務分掌などにおける学校運営上の重要な役割

・指導・監督層である主幹教諭の補佐

・同僚や若手教員への助言・支援などの指導的役割

を担うことが求められています。

　　　　　　　　　※令和2年度から栄養教諭も受験対象者になりました。

　「職務レポート」作成の当初から主任教諭が果たすべき役割が明示されていましたが、令和3年度、令和4年度と以下のように変わりました。

【令和3年度問題のリード文】

　主任教諭、主任養護教諭及び主任栄養教諭には、主任教諭としての役割を自覚し、学校運営においてより積極的な課題解決を図ることが求められています。

【令和4年度問題のリード文】

　主任教諭、主任養護教諭及び主任栄養教諭には、担当分掌において、自分の担当する業務の進捗状況を確認しながら分掌全体の進行管理をすることが求められています。

これまで、受験生の皆さんには問題のリード文に提示された主任教諭の役割を踏まえた上で論述することが求められてきました。しかし、令和３年度のリード文に「主任教諭としての役割を自覚し」とあるように、主任教諭が担う役割については理解していることを前提とした論述が求められてきています。また、主任教諭が担う【校務分掌などにおける学校運営上の重要な役割】として、令和３年度では「学校運営においてより積極的な課題解決を図ること」、令和４年度では「自分の担当する業務の進捗状況を確認しながら分掌全体の進行管理をすること」と、主任教諭が果たす職務の方向性が示されています。

　今後、受験生の皆さんは、このリード文変更の意図を十分に踏まえて主任教諭選考に備えていくことが必要です。

これからの主任教諭選考に備えるために

　令和３年度及び令和４年度の問題から、主任教諭には学校運営のキーパーソンとしてミドルリーダーの役割を担うことが強く求められています。これからの選考対策として、合格できる職務レポートの作成に取り組むだけでなく、日頃から担当職務を通じて主任教諭としての土台作りをしておくことが大切です。以下の点に留意して取り組みましょう。

◎【課題意識】をもって職務に取り組む

　　▶自分の担当職務における課題は「何か」、常に意識して取り組む

◎担当職務での仕事を【振り返る】→【改善する】

　　▶自分の仕事を自らマネジメント〔P・D・C・A〕して常に改善する

令和４年度の選考方法を念頭に置いて備える

　令和４年度の選考では、選考会場で制限時間内（90分）に職務レポートを書く従来の選考方法に戻されました。問題も選考当日にならないと分かりません。今後、コロナ禍が選考にどのような影響を与えるかは不透明ですが、受験生の皆さんは令和４年度の選考方法を念頭に置いて、受験に備えていきましょう。

今後の主任教諭選考の展望

これまで（平成25年度〜令和２年度）に出題された設問（１）で問われていることを整理してみましょう。

【校務分掌などにおける学校運営上の重要な役割】を担う視点から問われている設問は６問で、〔担当する職務を組織的に進めていく〕〔校長の示す学校経営計画などの目標を達成していく〕〔担当する業務の進行管理や調整を図る〕等、学校運営上の重要な役割として行う具体的な職務が設問で示されています。

【同僚や若手教員への助言・支援などの指導的役割】を担う視点から問われている設問は２問で、〔教諭等への助言や支援を行う〕ことが直接設問で示されています。

令和２年度までの問題では、【校務分掌などにおける学校運営上の重要な役割】を担う視点からの出題が多いことが分かります。

令和３年度からは、問題のリード文で、主任教諭に求める具体的な職務が示されました。令和３年度では〔学校運営においてより積極的な課題解決を図ること〕、令和４年度では担当する〔分掌全体の進行管理をすること〕と示されています。主任教諭に求められていることについて、令和３年度の設問では「特に学校運営の改善を図る上で課題となることは何か」、令和４年度の設問では「特に全体の進行管理を行う上で課題となることは何か」と問われています。

令和３年度及び令和４年度に出題された問題から、主任教諭には【校務分掌などにおける学校運営上の重要な役割】として、学校運営の推進役として、具体的に職務として行うことが示されています。主幹教諭を補佐し、学校運営を推進することが強く求められていることが分かります。

令和５年度以降も学校運営の推進役としての適格性が問われることが予想されます。受験生の皆さんは、単に自分の担当職務を遂行するだけでなく、学校運営とは「何を」「どうすることなのか」、日頃の職務を通じて自分の考えを整理しておくことが大切です。　　　　　　　（石川清一郎）

合格体験記 ①

合格者DATA

■合格時の教員歴（臨時採用期間を含む）：13年　■校種：小学校

■年齢・性別：40歳・女性　■現職：主任教諭　■受験回数：4回

■対策開始時期：受験する年度に入ってから

私はこうやって合格した！

　私は教職経験が受験資格に達した平成31年度から受験しました。まず、受験者を対象とした研修会に積極的に参加して学ぶことから始めました。研修会では出題される問題の傾向、90分で1,500字の職務レポートを書く実践練習を通して、論の構成や展開等について学びました。

　次に、普段から取り組んでいること、ミドルリーダーとして改善したい校務等を書き出し、職務レポートを書きました。自校の課題を見つけることは簡単ではありませんでしたが、常に"自分が主任教諭だったら"ということを意識して自分の仕事を振り返るようにしていました。

私の考える合格のポイント！

　私は、過去に出題された問題で、90分で1,500字を書く練習を毎週しました。自分で書くだけでは合格できるレベルなのか分からないため、自校及び過去にお世話になった校長先生に添削指導をしていただきました。〔執筆〕→〔添削指導〕→〔書き直し〕→〔添削指導〕を繰り返し、平成27年度から令和3年度までの過去問題全てを書いて、試験当日、似たような問題が出題された時に、どの切り口からでも書くことができるように準備しました。毎年、ゴールデンウィークが明けてからこのサイクルを毎週続けました。早朝や子供の習い事の待ち時間等に取り組みました。この受験対策の取組を積み重ねていくなかで、次第に"読み手"が読みやすい論述に推敲されていき、合格につながったのだと思います。

　これまでご指導いただいた校長先生や家族のサポートに感謝し、学校をよりよくするために考え、行動する主任教諭になります。

合格体験記 ②

合格者DATA

■合格時の教員歴（臨時採用期間を含む）：9年　■校種：小学校

■年齢・性別：35歳・女性　■現職：主任教諭　■受験回数：2回

■対策開始時期：受験する年度に入ってから

▌ 私はこうやって合格した！

　私は受験資格に達した令和2年度から主任教諭選考を受験しました。令和2年度は受験対策への取組開始時期が遅く十分な準備ができなかったので不合格でした。この反省から、令和3年度では4、5月の早い時期から受験対策に取り組みました。自校の校長先生、これまでお世話になった校長先生に職務レポートの添削指導等をお願いしました。

　まず、私が取り組んだことは、自分の職務について考えることでした。①実際にどのようなことを実践しているか、②主任教諭になったら、どうしていきたいのか、③現任校の問題点・改善策など、自らの職務や現任校について考え、書き出しました。

　次に、過去に出題された問題で職務レポートを書きました。1,500字を書く、1,500字にまとめるということは想像していた以上に難しく、添削指導を受けるたびに書き直しました。書き直しを3回以上も繰り返した問題もありました。添削指導を受けて書き直すことを繰り返すことにより、論述する内容が精選されるだけでなく、今後、主任教諭としてどのようにしていくのか等の考えを整理することにもつながりました。

▌ 私の考える合格のポイント！

　主任教諭選考の受験を通して、自分の専門や校務分掌を見つめ直すことができました。日常の職務をこなしながら受験対策をするのは大変です。お世話になった校長先生など、ご指導をいただいた先生方のお力添えがあって合格できたと思います。一人で過去問題を書くだけでなく添削指導をしていただき、何回も書き直すことがポイントです。

合格体験記 3

合格者DATA
．．
■合格時の教員歴（臨時採用期間を含む）：8年　　■校種：小学校
■年齢・性別：32歳・男性　　■現職：主任教諭　　■受験回数：1回
■対策開始時期：受験する年度に入ってから

私はこうやって合格した！

　2年間の臨時採用を含めて、8年目で校長先生から受験を勧められ、対策を始めました。まずは校長先生から頂いた資料を読み込み、主任教諭の役割について学びました。同時に、勤務校の先輩教員に相談しました。日頃からよく相談する主任教諭の先生に、主任教諭選考を受験することを話すと、自身が書かれた職務レポートや、資料などを貸してくださったり、レポートの内容についても相談にのってくださったりしました。

　実際に職務レポートを書くにあたり、まず学校経営方針を読み直し、自分に求められる職務内容を改めて認識しました。当時は学年主任と、視聴覚を担当していたので、その立場から自分の考えを書いていくことにしました。学年主任としては児童の学力向上、視聴覚の立場からは教員のICTスキルの向上について、日頃から課題に感じていたことを書き出し、資料を参考にしながら対策を考えて文章化していきました。

私の考える合格のポイント！

　職務レポートを書くためには、普段から学校全体の課題や解決策について意識し、他の教員と話し合いながら解決策を模索することが大切だと考えます。特に、日頃からの校内の先生方とのコミュニケーションは、主任教諭となった今も大切にしています。そのなかで浮かんだ課題には、「自分の立場や経験から、できることはないか？」「これまで築いてきた関係のなかで、相談できる人はいないか？」などと考えるようになりました。主任教諭選考への挑戦が、自分を高めるよい機会になったと思います。

合格体験記 4

合格者DATA

■合格時の教員歴：8年　　■校種：小学校

■年齢・性別：30歳・男性　　■現職：主任教諭　　■受験回数：1回

■対策開始時期：受験する年度に入ってから

■ 私はこうやって合格した！

　私は経験年数が受験資格に達した令和3年度、初めて主任教諭選考試験を受験しました。試験に向けて、最初に取り組んだのは自身のこれまでの職務についての振り返りです。学年主任やICT主任を経験するなかで、ICT活用のOJTを行うなど、若手教員への助言・支援や主幹教諭の補佐など論文作成に活かせる内容を整理していきました。

　それを踏まえ、出題が予想される問題のテーマに沿って、論文を指定時間内に書き上げる練習をしました。この練習を通して、どのような姿が主任教諭として望まれているのかを考えながら、できるだけ具体的に論文に表すことが大切だと分かりました。

■ 私の考える合格のポイント！

　試験に向けて、過去の問題に取り組みました。問題に正対した文章を指定された文字数で時間内に書き上げることができるよう、繰り返し練習に励みました。作成した論文は管理職の先生方に添削していただき、言葉の使い方や端的で分かりやすい表現など論文として整った文章になるよう仕上げていくようにしました。

　私が合格できたのは、日々の職務を通して積極的に諸先輩方と関わったからだと考えます。そのなかで、自分ならどのように取り組むかと常に自分ごととして考え、与えられた職務に臨んできた経験が主任教諭選考での合格に活かされたと思います。

職務レポート
解答例・解説

令和５年度予想問題２問・実施問題５問（平成30
～令和４年度実施分）の解答例・解説を収録しまし
た。ご自身の担当職務に応じた解答例を参考にして、
職務レポートの作成にチャレンジしてみましょう。

※解答例は小学校をベースにしたものです。中学校・高等学校・特別
　支援学校の方は【中学校・高等学校・特別支援学校受験者へのアド
　バイス及び対応】をご活用ください。
※本書未掲載の解答例をダウンロードいただけます。ダウンロードの
　方法は P174 をご覧ください。

令 和 5 年 度
予 想 問 題 ①

　次の問題について、合計43行（1,505字）以内で述べなさい。
ただし、35行（1,225字）を超えること。

　主任教諭、主任養護教諭、及び主任栄養教諭には、主任教
諭としての役割を自覚し、学校運営においてより積極的な課
題解決を図ることが求められています。

（1）このことについて、あなたの担当する職務において、特
　　に学校運営の改善を図る上で、課題となることは何か、2
　　点挙げて、その理由を述べなさい。
（2）（1）で述べた課題を解決するために、あなたは主任教諭、
　　主任養護教諭、主任栄養教諭としてどのように取り組むか、
　　あなたの実践・経験に触れながら具体的に述べなさい。

▶出題の背景

　コロナ禍での学校運営が続き、「個別最適な学び」と「協働的な学び」の実現と、ICT活用の取組が必須の状況となっています。それは「社会に開かれた教育課程」や「主体的・対話的で深い学び」の実現に向けた取組や授業改善、そして、それらをよりよく実現するカリキュラム・マネジメントの実践を積み重ねていくことにつながります。

　一方、働き方改革や人材不足、教員採用試験の倍率低下などの課題解決に向けた効率的な働き方の実現や人材育成も欠かせません。

　感染症対策は令和５年度以降も必要となります。そういう状況のなかで、主任教諭、主任養護教諭、主任栄養教諭には、学校長の経営計画などの目標を実現するために、率先して担当する職務を遂行していくことが期待されます。

　また、これまでの出題傾向を見ると、課題解決、人材育成、児童・生徒の実態に応じた指導、家庭・地域との連携などが出されています。左の問題は令和３年度のものですが、この課題はそれら全てを包括していますので、傾向を意識しながら、自分なりの論文を作ることをお勧めします。

▶出題のねらい

　これからの学校教育は、新型コロナウイルス感染症のような感染症対策だけでなく、あらゆる可能性や危険性に応じて、臨機応変に対応していく必要があります。どんな状況にあっても、持続可能な教育活動を進めていく必要があります。主任教諭、主任養護教諭、主任栄養教諭は学校のミドルリーダーとして、自分の担当する職務における目標の実現に向けて、具体的に取り組むことが求められます。

　設問（１）では、担当する職務を明確にし、どんな状況下においても職務を遂行するための課題とその理由を述べます。

　設問（２）では、課題を解決するためにどう取り組むかを、自分の実践や経験をもとに述べていきます。

（松浦正和）

予想問題① 令和５年度

予想問題② 令和５年度

実施問題 令和４年度

実施問題 令和３年度

実施問題 令和２年度

実施問題 平成31年度

実施問題 平成30年度

教務担当

（1）担当職務における課題

　私は今年度、教務部に所属し、授業時数管理とカリキュラムの実施状況の集計や管理を担当している。

　今年度、本校では、学校長の経営計画の「基礎・基本の定着」と「一人一人に応じた確かな学力の育成」を達成するために、学校全体として、「主体的・対話的で深い学び」に向けた授業改善に取り組んでいる。私の職務は、時数管理などの数字上の管理だけではなく、授業改善の実施状況についても確認し、よりよい教育活動を推進することである。課題は次の二つだと考える。

（課題1）PDCAサイクルの日常化

　児童が主体的に学ぶためには、課題を児童の生活実態に応じたものにするなど、課題提示の工夫が必要である。また、課題解決的・協働的な学習を行うためには、どの単元で取り組むのかを明確にする必要がある。そして、基礎・基本を身に付けさせるためにも、PDCAサイクルの日常化を図る必要がある。

（課題2）若手教員の育成

　本校は初任教員が○割、経験年数が3年未満の教員を含めると○割となる。若手教員の育成は、本校にとって喫緊の課題であるが、現状は各学年や育成担当に任されている。若手教員の育成に携わることは、指導する側の教員の資質向上にもつながる。学校全体で育成に関わり、全教員の指導力向上を図りたい。

（2）課題解決のために

　私は主任教諭として、以下のように取り組んでいく。

（解決策1）学年・専科ごとのPDCAサイクルの日常化

　児童に基礎・基本を確実に身に付けさせ、思考力、判断力、表現力を育てるためには、全校が児童の実態と指導法を共通理解し、共通の指導をする必要がある。そこで、担当として実施計画を立て、主幹教諭や管理職から指導を受け、全校に提案する。基礎・基本を重点とする時間や「主体的・対話的で深い学び」に取り組む単元を明確にし、年間指導計画に位置付け、週の指導計画にも明記する。その際、授業の中でICTをどう活用するかも決めて実践する。そして、毎週末に振り返り、成果と課題を次週の指導に生かすようにする。私は担当として、学年会、専科会の内容を確認し、管理職に報告し指導を受け、成果のあった指導や取組を全校に周知し共有できるようにする。

（解決策2）組織的な人材育成

　学校全体で若手教員の育成に取り組むために、ＯＪＴ担当に相談し、主幹教諭や管理職に指導を受けて、人材育成委員会を開く。そこで、各若手教員の現状や指導の進捗状況を確認し、よい取組や配慮事項などを共有する。それを全校に周知し、全教員が若手教員の育成に関わる計画をＯＪＴ担当と相談して作成する。そして、月に一度、委員会で指導の進捗状況、育成上の課題や工夫などの情報を共有し、日々の指導に生かす。私は担当として、実施状況を確認し、学校全体で若手教員の育成に取り組むことができるようにする。

　以上のように、教育活動を振り返り、次に生かすというＰＤＣＡサイクルの日常化を図り、授業改善や人材育成ができるようにしていく。そのために、私は主任教諭として常に取組を振り返り、改善策を立案し、主幹教諭や管理職に指導を受け、一層の充実を図っていく。そして、指導力向上に向けてさらに学び、主幹教諭を補佐し、学校組織に貢献していく所存である。

【中学校・高等学校・特別支援学校受験者へのアドバイス及び対応】
　本解答例は小学校の事例をもとに作成してあります。教科担任制の中学校や高等学校では、学年単位での取組をもとに、学校全体で取り組むことになります。特別の教育課程を編成している特別支援学校においては、児童・生徒一人一人の指導計画についてのマネジメントが必要となります。
　解決例に示した学年ごとのPDCAサイクルの日常化や、若手教員の育成については、どの校種においても大切なことです。解答例を参考に、自校の実態に合わせた解答を作成してください。

💡 **解説**

　ICTを活用しながら「個別最適な学び」「協働的な学び」に取り組み、「主体的・対話的で深い学び」に向けた授業改善にどう取り組むのかは大きな課題です。感染症対策も必要です。解答例には字数の関係でカリキュラム・マネジメントの言葉は省いていますが、自校の取組をカリキュラム・マネジメントからの視点で見直し、自校なりの課題解決法を論じてみましょう。　　　　　　（松浦正和）

45

生活指導担当

（1）担当する職務の課題

　私は今年度、生活指導部に所属し、校内安全指導を担当している。学校は、児童にとって安全で安心して学習に取り組める場所でなければならない。感染症対策については、ソーシャルディスタンスの確保やうがい・手洗いの励行などを学校中で取り組み、成果を上げた。しかし、そのような中で、児童の規範意識の欠如が問題となることが散見された。学校長は「一人一人の児童が安心して学び、力を発揮できる学校」を学校経営方針の最初に掲げ、教職員の「優しく丁寧な対応」をもとに、安全・安心な学校づくりを目指している。児童一人一人が、安心して自分の力を発揮できるようにしていくための課題は、次の2点だと考える。

（課題1）全教員による共通理解と共通指導

　児童が安心して学び、自分の力を発揮できるようにするには、まず全教員が児童一人一人の言動を否定したり無視したりせず大切に扱い、他人の失敗や短所などに対して寛容で共感的な雰囲気を創る必要がある。しかし、現状は全教員が共通の指導をしているとは言えない。

（課題2）若手教員の生活指導力の養成

　現任校には、初任者○名を含めて3年目までの教員が○割いる。それぞれ熱心に職務に取り組んでいるが、児童の言動に対して、共感的とは言えない対応も見られる。学校全体として、若手教員の育成に取り組む必要があるが、その内容は学習の保障や定着などについてが中心となり、生活指導や児童への対応などについては十分とは言えない。

（2）課題解決のために

　私は主任教諭として、以下のように取り組んでいく。

（解決策1）優しく丁寧で共感的な指導の徹底

　昨年度、校内生活や学び方など、学習のための基本的なルールをまとめ○○小スタンダードとして全校に周知し実践している。今年度は、生活指導主任や主幹教諭、管理職に指導を受け、それをさらに具体化し、児童の動き方だけでなく、教員の対応の仕方なども例示し、優しく丁寧で共感的な指導について、全教員に提案、周知していく。そして毎週の生活指導情報交換会で、各学年、専科からの報告をもとに、具体的に共感的な指導について共通理解を図り、全校で実践していく。

（解決策２）組織的な若手教員の育成

　優しく丁寧で共感的な指導は、若手教員の育成にも大切だと考える。まず、配慮を要する児童への支援や対応について、養護教諭や特別支援教育コーディネーターなどを講師に研修会を開き、基本的な関わり方や配慮事項について周知する。私は担当として、日々若手教員に声をかけ様子を聞き取り、必要な助言を行う。また、毎週学年会で共感的な指導について振り返り、次週の指導に生かすことができるようにする。そして、月１回の若手研修会で児童への関わり方や共感的な指導を具体的な場面や事例を通して学ばせていく。

　私は主任教諭として常に取組を振り返り、改善策を立案し、主幹教諭や管理職に指導を受け、一層の充実を図っていく。そして、指導力向上に向けてさらに学び、主幹教諭を補佐し、学校組織に貢献していく。

【中学校・高等学校・特別支援学校受験者へのアドバイス及び対応】

　本解答例は小学校の事例をもとに作成してあります。中学校や高等学校では、学年単位での取組が重要となります。また、特別支援学校の生活指導は障害の種別や程度によって異なると思われます。

　しかし解答例に挙げた「優しく丁寧で共感的な指導」や「若手教員の育成」はどの校種においても必要なことです。この解答例を参考に、自校の実態に合わせた解答を作成してください。

💡 解説

　各学校には、児童・生徒が安心して学校生活を送ることができるように、校内のルールやマナーが決められています。また新型コロナウイルス感染症対応のため、新しい生活様式を具体的に指導していると思います。指導の際には、児童・生徒に、医療従事者など、感染症罹患の不安がありながらも働いている人たちがいることを知らせ、そういう人たちへの感謝の気持ちをもたせたいものです。

　一方で、ネットいじめなどが叫ばれています。学校の実態に応じた、生活指導場面での具体的な児童・生徒への指導について、全教員が同一歩調で指導に当たることができるよう、生活指導のPDCAサイクルを具体的に論じるようにしましょう。

（松浦正和）

予想問題① 令和5年度
予想問題② 令和5年度
実施問題 令和4年度
実施問題 令和3年度
実施問題 令和2年度
実施問題 平成31年度
実施問題 平成30年度

研究・研修担当

(1) 担当する職務における課題

　今年度、私は研究推進委員会に所属し、研究主任を補佐する副主任を命じられている。現任校は○○学級中○学級の担任が本校初任であり、○学級は本校が2校目の担任である。昨年度の学力調査の結果では、国、都の平均を下回っており、学力向上は大きな課題である。

　私の職務は、学校長の経営計画の「基礎・基本の確実な定着」と「一人一人に応じた確かな学力を身に付けさせる」を実現させるために、研究活動を推進することである。そのためにICTを活用し「個別最適な学び」と「協働的な学び」を実現しながら「主体的・対話的で深い学び」を目指した授業改善を図り、児童の学力向上につなげていく。校内研究を通して、授業改善、学力向上を進めていく上での課題は次の2点と考えている。

(課題1) 学年の取組を全校で共有し全体の研究とする

　児童の実態や取り組みやすさ、そして打ち合わせの時間確保も考えて、研究を学年ごとに教科を決めて取り組むこととした。それぞれの取組や研究活動は、全校に公開し、その成果と課題を共有していく必要があるが、これまでのところ十分とは言えない学年もある。

(課題2) 全教員が研究授業を行い、授業力を向上させる

　これまでは、1年に各学年代表1人が研究授業を行っていた。しかし、「基礎・基本の確実な定着」と「一人一人に応じた確かな学力を身に付けさせる」ためには、全教員が研究授業を行い、学校全体でそれぞれの成果と課題を共有して授業改善に努める必要があると考える。

(2) 課題解決に向けて

(解決策1) 研究スケジュールや内容、進捗状況を共有する

　研究担当として、校内LANでつながれたPCに研究用のフォルダを作成し、研究のスケジュール、各学年の指導案や授業実践、成果と課題などの話し合いの内容、そして研究予定等を全教職員が閲覧できるようにした。そして、私は担当として各学年に確実な記録を促し、記録更新ごとに全教員に周知していく。研究に関わる打ち合わせには、必ず研究推進委員会のメンバーが参加し、打ち合わせの経過や結果については、毎週掲示し周知する。また、教務主任と日程調整し、当該学年以外の教員も協議に参加できるようにする。

(解決策2) 全教員が研究授業を行い、授業改善を図る

　日程的に、全員が同様のスタイルで研究授業を行うことは難しいが、研究主任・教務主任と相談し、全教員が「主体的・対話的で深い学び」に取り組むようにする。全授業の協議に研究推進委員会のメンバーが関わり、児童の実態や指導のねらい、ＩＣＴ活用を含めた指導方法などについて検討する。そして、研究主任や主幹教諭、管理職から指導を受け、「基礎・基本の確実な定着」「一人一人に応じた確かな学力」につながる学習活動を明確にしていく。授業後には協議会を行い、成果と課題を明らかにし全校で共有できるようにしていく。

　私は主任教諭として常に取組を振り返り、改善策を立案し、主幹教諭や管理職に指導を受け、一層の充実を図っていく。そして、指導力向上に向けてさらに学び、主幹教諭を補佐し、学校組織に貢献していく。

【中学校・高等学校・特別支援学校受験者へのアドバイス及び対応】
　本解答例は小学校の事例をもとに作成してあります。中学校や高等学校では、教科ごとに授業改善や研究・研修活動に取り組むことが多いと思いますが、学年単位での取組も重要となります。また、特別支援学校については障害の種別や程度によって異なると思われます。

　しかし解答例に挙げた、各学年などの取組を全体で共有することや、全員が研究授業等を行い、その成果と課題を共有していくことは、校種に関係なく必要なことです。この解答例を参考に、自校の実態に合わせた解答を作成してください。

💡 解説

　「主体的・対話的で深い学び」の実現に向けた授業改善に取り組む際には、基礎・基本の習得が欠かせません。児童・生徒の実態に応じた授業改善の取組が必要となります。そのためには、各種学力調査の結果を活用したり、プレテストを行ったりするなどが考えられます。また、研究活動が授業改善や学力向上につながるように、進行状況の確認や必要な修正を加えていくことも大切です。

　自校の実態に応じた研究活動を行い、各教員の授業力向上と児童・生徒の学力向上を図る取組を具体的に述べていきましょう。　　　　　　　　（松浦正和）

特別活動担当

（1）担当する職務における課題

　今年度、私は特別活動部に所属し、児童集会や縦割り班活動を担当している。昨年度は、ＩＣＴを活用して集会や活動を工夫してきた。今年度は、「協働的な学び」「主体的・対話的で深い学び」を一人一人の児童に体験させるためにも、様々な場面でのコミュニケーション能力の育成を図っていきたい。学校長の経営計画にも「異年齢集団などの様々な集団活動を通してコミュニケーション能力を育む」とある。

　児童一人一人が様々な集団活動を通して、友達と協力して課題解決の体験を積み重ねていくための課題は、次の2点と考える。

（課題1）ねらいや指導法についての共通理解と実践

　特別活動は、集団活動を通して課題解決する体験を積ませていく教育活動である。その際、児童がよりよい人間関係を形成できるように、よい学級・学校生活づくりなどの様々な問題を、話し合いを通して主体的に解決できるようにすることが大切である。しかし、コロナ禍では、特別活動は限定的なものとなり、全教員がねらいや指導法について共通理解し、実践したとは言えない現状があった。

（課題2）特別活動について、経験の浅い教員の育成

　本校には、本校初任で5年目までの教員が○割いる。私は同学年の教員には、指導や助言を行っているが、他の学年や専科教員への働きかけが十分にはできなかった。また、学校全体としても、学習の保障や学習内容の確認、定着を図ることに注力してきたため、特別活動についての研修が十分に行われてきたとは言えない。

（2）課題解決のために

　私は主任教諭として、以下のように取り組んでいく。

（解決策1）事前の情報提供と振り返りを通した共通理解と指導の徹底

　昨年度、年間指導計画を整理したが、全教員が適切な指導を行っているとは言えない実態がある。学校全体で児童一人一人のよさを生かし、他人の失敗や短所に対して寛容で共感的な雰囲気を醸成したい。そのため毎月半ばまでに、翌月の活動のねらいや、留意点などの資料を配布・説明し、活動の直前にも夕会などで確認する。さらに、各学年会で活動後の振り返りを行い、有効な指導と課題の残った指導について、活動のまとめとして全体に配布し、次の指導に

生かしていく。

（解決策2）特別活動についての研修会の実施

　若手教員が学級経営や様々な集団活動を指導する上で、特別活動のねらいや指導法、そして指導上の留意点を学ぶことはとても大切である。そこで、OJT担当と相談し、特別活動についてと日々の集会や縦割り班活動など具体的な取組について、毎月研修会を開くことで、日常の指導を振り返り、課題意識をもって指導できるようにする。そして、学年主任に内容を伝え、学年会などで確認できるようにする。

　私は主任教諭として常に取組を振り返り、ICT活用なども含め主体的に改善策を立案し、主幹教諭や管理職に指導を受け一層の充実を図っていく。そして、指導力向上に向けてさらに学び、主幹教諭を補佐し、学校組織に貢献していく。

【中学校・高等学校・特別支援学校受験者へのアドバイス及び対応】

　本解答例は小学校の事例をもとに作成してあります。中学校や高等学校では、学年単位での取組が重要となります。また、特別支援学校については障害の種別や程度によって取組は異なると思われます。

　しかし解答例に挙げた、ねらいや指導法の共通理解や、研修会を通して学んでいくことについては、校種に関係なく必要です。この解答例を参考に、自校の実態に合わせた解答を作成してください。

💡 解説

　令和2年度より全面実施となった小学校学習指導要領には、特別活動の目標を整理し指導する重要な視点として「人間関係形成」「社会参画」「自己実現」の三つが示されました（他校種においても同様）。

　児童・生徒が、それぞれの視点について取り組む際には、自主的・自発的に取り組むことができるように導く必要があります。学校や学級の課題を見いだし、よりよく解決するため、話し合って合意形成し実践することや、主体的に組織をつくり、役割分担して協力し合うなど、集団や自己の生活上の課題を解決するという観点で取り組ませ、「なすことによって学ぶ」ことができるような働きかけが必要です。

（松浦正和）

予想問題① 令和5年度
予想問題② 令和5年度
実施問題 令和4年度
実施問題 令和3年度
実施問題 令和2年度
実施問題 平成31年度
実施問題 平成30年度

教科担当（算数科少人数指導）

（１）担当職務における課題

　私は今年度、算数科少人数指導担当として、３年から６年の算数教育を担当している。昨年度、１人に１台タブレットが配置され、ＡＩドリルなどを活用して「個別最適な学び」を実現し、学力向上に取り組んだ。しかし、タブレットの扱いや、ＡＩドリルの活用について、全教員が習熟したとは言えず、十分な取組にはならなかった。そこで今年度の私の職務は、ＩＣＴ活用も含め算数科において、学校長の経営計画の「基礎・基本の確実な定着」と「一人一人に応じた確かな学力の育成」を図ることである。

　このことを達成するための課題は、以下の２点であると考える。

（課題１）指導法についての共通理解と共通指導

　「基礎・基本の確実な定着」を図るためには、ＡＩドリルのように一人一人の児童に習熟度に応じた課題に継続的に取り組ませることが必要である。また、児童に既習事項をもとにして課題に取り組ませるなど、問題解決的な学習が求められるが、未だに教え込みの授業をしている教員もいる。「確かな学力」の育成には、「主体的・対話的で深い学び」に向けた授業改善が必要である。

（課題２）若手教員の育成

　本校は、本校初任の教員が○割で、経験年数が３年未満の教員を含めると○割となる。昨年度は、児童の実態に応じた課題作成や学習内容の系統性などについて指導したが、授業を見て指導することはほとんどできなかった。若手教員を育成する上で、授業を実際に見て指導ができるように、全校体制で取り組む必要があると考える。

（２）課題解決のために

　私は主任教諭として、以下のように取り組んでいく。

（取組１）単元ごとの共通理解と共通指導の徹底

　私は算数の担当として、全学年の年間指導計画をもとに、各学年と話し合い「基礎・基本の確実な定着を図る」単元や時間と、「主体的・対話的で深い学び」に取り組む単元と時間を決め、全校に周知する。そして、ＡＩドリルなどＩＣＴの活用などについても同様にする。さらに、単元ごとに習熟度別にねらいと指導法を確認し、教材についても共通理解を図る。そして、管理職から指導を受け、指導後には振り返りを行い、成果と課題を次の指導に生かしていく。

（取組２）組織的な人材育成

予想問題①　令和5年度

予想問題②　令和5年度

実施問題　令和4年度

実施問題　令和3年度

実施問題　令和2年度

実施問題　平成31年度

実施問題　平成30年度

　若手教員が週に１回は指導を受けることができるように、ＯＪＴ担当と相談して、育成計画の原案を作成し、主幹教諭や管理職から指導を受け、全体に提案し実施する。授業を見た指導担当者は、その日のうちに気づいたことを若手教員と学年主任に伝え、次の授業に生かすことができるようにする。また、ＡＩドリルの活用法について、年度初めに講習会を開き、活用する単元や使い方についても周知していく。

　私は主任教諭として常に取組を振り返り、必要な改善策を立案し、主幹教諭や管理職に指導を受け一層の充実を図る。そして、自分自身も指導力向上に向けてさらに学び、主幹教諭を補佐し学校組織に貢献していく。

【中学校・高等学校・特別支援学校受験者へのアドバイス及び対応】
　本解答例は、小学校の事例をもとに作成しています。教科担任制の中学校・高等学校、そして特別な教育課程を編成する特別支援学校においても、指導法の共通理解や若手教員の育成については、共通する課題です。また、習熟度別の指導についても、それぞれの習熟度に応じた指導を学年全体で共通理解する必要があります。
　自校の実態に応じて本解答例を修正し、解答を作成してください。

💡 解説

　令和４年度全国学力・学習状況調査では、「算数・数学が好き」と答えた児童・生徒は「当てはまる、どちらかといえば当てはまる」を合わせて、小学校は約63％、中学校は約58％、また「授業の内容が良く分かるか」については小学校が約81％、中学校が約76％でした。

　他の質問についても、小学校と中学校を比べると、肯定的な回答をする生徒の割合は低下しています。この傾向は10年間ほぼ変わっていません。

　小学校だけでなく、中学校・高等学校、そして特別支援学校においても、算数・数学の学習について、分かりやすさや楽しさ、そして学習したことが生活に役立つという実感をもたせていくことが大切です。学習指導要領の「主体的・対話的で深い学び」を目指した授業改善を進める上でも、それらのことに留意し、どう取り組んでいくのか、具体的に記しましょう。　　　　　　　　（松浦正和）

教科担当（外国語）

（1）担当職務における課題

　本校では3・4年生は週に1時間外国語活動を、5・6年生は週に2時間外国語（英語）に取り組んでいる。学校長は経営計画で「国際社会に生きる人材を育成する」ために「発達段階に応じて、英語を使ったコミュニケーションができるようにする」としている。

　私の職務は外国語担当として、各学年の系統を考えた指導計画を提示し、子供たちが英語に親しみ、英語を使ったコミュニケーションが取れるようにするために授業改善を推進することである。課題は以下の二つであると考える。

（課題1）各学年の指導計画の点検と確認

　私は担当として、年度当初に各学年に年間指導計画と各時間の指導内容について配布し、教務主任に相談して、ＡＬＴとの打ち合わせの時間を確保した。そして、年度当初に、打ち合わせや指導について周知したが、打ち合わせができないことがあったり、指導がＡＬＴ任せになったりしている学級がみられる。打ち合わせの時間を確保し、担任もＡＬＴと役割を分担して子供たちが楽しみながら学ぶことができるようにしていく必要がある。

（課題2）外国語の指導についての定期的な研修の実施

　担任の中には、英語を使ったコミュニケーションを苦手としていたり、ジェスチャーなどの際、子供に大きく示したりすることができない教員が少なくない。子供に分かりやすい動きやゲームの内容、そして発音などについて定期的に学ぶ必要がある。

（2）課題解決のために

　外国語の指導は、学校全体として系統的に進めていく必要がある。そこで、私は主任教諭として以下のように取り組んでいく。

（解決策1）学年ごとにねらいと指導内容の共通理解を徹底する

　子供たちが主体的・対話的に学ぶことができるように、年度当初に学年ごとに指導内容とＡＬＴとのＴＴについて共通理解を図る。そして、各時間の指導前に学年とＡＬＴで指導のねらいと内容、教材などを確認する時間を確保し、各学級で同じ学習ができるようにする。さらに、月ごと・学期ごとに指導を振り返り、ねらいと指導内容を評価し次に生かすことができるように、担当として定期的に学年主任と打ち合わせを実施する。

（解決策2）全教員が英語のコミュニケーションに習熟する

　毎週ＡＬＴと指導について打ち合わせる際に、使用する英単語や会話文を練習し、アクティビティも確認し必要なジェスチャーなども実際に行うようにする。昨年度、児童にとって身近な校内施設や教材・教具に英語表示をした。その結果、児童が気軽に英語を会話の中で使うようになった。指導する教員も、日常的に児童と英語を使ったやりとりをするようになってきた。そこで、ポイントを絞って、打ち合わせたり必要な研修を行ったりし、それぞれの教員がクラスルーム・イングリッシュに習熟できるようにしていく。そして各学年と十分にコミュニケーションを図り、実施していく。

　私は主任教諭として常に取組を振り返り、臨機応変に改善策を立案し、主幹教諭や管理職に指導を受け、一層の充実を図っていく。そして、指導力向上に向けてさらに学び、主幹教諭を補佐し、学校組織に貢献していく。

【中学校・高等学校・特別支援学校受験者へのアドバイス及び対応】
　本解答例は小学校の事例をもとに作成してあります。教科担任制の中学校や高等学校では、外国語教育は英語科の教員が担っていますが、担任やその他の教員にも、ALT等との連携や外国語を使ったコミュニケーション能力の育成が求められています。特別支援学校については障害の種別や程度によって取組は異なると思われます。
　しかし解答例に挙げた、ねらいや指導内容の共通理解や、研修会を通して学んでいくことについては、校種に関係なく必要なことです。この解答例を参考に、自校の実態に合わせた解答を作成してください。

💡 解説

　現行学習指導要領では、小学校中学年から外国語活動を導入し、「聞くこと」「話すこと」を中心とした活動を通じて外国語に慣れ親しませ、高学年から段階的に文字を「読むこと」「書くこと」を加え、総合的・系統的に扱う教科学習を行い、中学校への接続を図ることを重視しています。
　指導の連続性や系統性を重視し、児童が楽しく主体的に学ぶことができるようにするためには、子供が自身の成長を実感できるようにする指導が求められます。指導の実際を具体的に記すようにしましょう。　　　　　　　　（松浦正和）

予想問題① 令和5年度
予想問題② 令和5年度
実施問題 令和4年度
実施問題 令和3年度
実施問題 令和2年度
実施問題 平成31年度
実施問題 平成30年度

情報教育（ICT）担当

（1）担当職務における課題

　私は今年度、ICT担当として他の二人とチームで、校内のICT環境を整えたり、1人1台配布されたタブレットを授業で活用できるように、研修会を開いたりしている。今年度本校では、学校長の経営方針の「基礎・基本の定着」と「一人一人に応じた確かな学力の育成」を達成するために、学校全体として、「主体的・対話的で深い学び」に向けた授業改善に取り組んでいる。私の職務は、ICTを活用して児童が進んで学習に取り組み、経営方針を実現することである。ICT活用の課題は次の二つだと考える。

（課題1）ICT活用の日常化

　児童は配布されたタブレットを進んで使っている。主体的に学ぶためには、使い方を指導し、日常的に児童が使いたい時に使えるようにすることが大切だと考えるが、教員の中には、タブレットやICTに慣れていないために、児童に使わせることをためらっている者もいる。情報活用能力を育てるためにも、ICT活用の日常化が必要である。

（課題2）ICT活用の共有

　新型コロナウイルスの影響による臨時休業期間中に、オンライン授業や家庭との連絡を、PCを通して実施していた。現在も継続して取り組んでいるが、学年・学級により頻度や内容に差がある。また、授業におけるICT活用についても同様である。研修会も開いているが、参加者が限られており、ICT活用の実践や活用法などを学校全体で共有し、全教員の指導力向上を図りたい。

（2）課題解決のために

　私は主任教諭として、以下のように取り組んでいく。

（解決策1）ICT活用の共通理解・共通指導

　私は担当としてチームの三人で、全学年の年間指導計画をもとに、各学年と話し合いICTを活用する単元や時間を決め、主幹教諭・管理職の指導を受け、全校に周知する。そして、日常的にタブレットを含むICT機器をどう活用するかを学年ごとに確認し、毎週末に実施状況を確認する。そして、ICT活用の成果と課題を洗い出し、次の指導に生かしていく。私は担当として、学年会、専科会の内容を確認し、管理職に報告し指導を受け、成果のあった指導や取組を全校に周知し共有できるようにする。

（解決策2）組織的なICT活用

　児童が進んで学習に取り組み、自己の課題を解決し「基礎・基本の定着」を図り「一人一人に応じた確かな学力の育成」を実現するため、タブレットなどICT機器の活用に学校全体で取り組む。タブレットの使用法について各学年と話し合い、授業中の置き場所や使い方を決め、主幹教諭や管理職に指導を受け試行していく。児童の学習状況や活用の成果と課題を毎週末に各学年から報告を受け、全校で共有し次週の指導に生かしていく。また、視聴覚部やICT活用に堪能な教員の協力を得て、タブレットやPC、インターネットの活用法など基本的な操作手順を撮影するなどして目で見て確認できるようにし、個々の教員が必要な時に見ることができるようにする。

　私は主任教諭として常に取組を振り返り、改善策を立案し、主幹教諭や管理職に指導を受け、一層の充実を図っていく。そして、児童が進んで学習に取り組むことができるように、ICT活用を全校で推進していく。

【中学校・高等学校・特別支援学校受験者へのアドバイス及び対応】

　本解答例は小学校の事例をもとに作成してあります。教科担任制の中学校や高等学校では、ICT活用は日常的になっているかと思いますが、学年・学校全体で生徒の主体的な学習のために取り組むことになります。特別の教育課程を編成している特別支援学校においては、児童・生徒一人一人の指導計画に基づいてのマネジメントが必要となります。

　解決策に示した、学年ごとの共通理解・共通指導や、組織的な取組は、どの校種においても大切なことです。解答例を参考に、自校の実態に合わせた解答を作成してください。

🔵 解説

　ICTを活用しながら「個別最適な学び」や「協働的な学び」に取り組み、「主体的・対話的で深い学び」に向けた授業改善にどう取り組むのかは、大きな課題です。子供たちが進んで学習に取り組むようにするためには、タブレットを含むICT機器は児童・生徒が必要な時に使えるようにしておくことが大切です。

　学習指導要領には「児童（生徒）の発達の段階を考慮し、言語能力、情報活用能力（情報モラルを含む。）、問題発見・解決能力等の学習の基盤となる資質・能力を育成していく」とされ、環境の整備とともに情報教育及び教科等の指導におけるICT活用について充実を図ることが示されています。

　各学校での取組を具体的に記しましょう。

（松浦正和）

予想問題①　令和5年度

予想問題②　令和5年度

実施問題　令和4年度

実施問題　令和3年度

実施問題　令和2年度

実施問題　平成31年度

実施問題　平成30年度

学校図書館担当

（１）担当職務における課題

　今年度、私は国語部に所属し、読書活動と学校図書館担当として読書活動の推進と図書館の整備や蔵書の選定などに取り組んでいる。私の担当職務は、学校長の経営計画の「基礎・基本の確実な習得」と「主体的・対話的で深い学びの実現を図る」ために、児童一人一人が読書に親しみ、図鑑や資料集なども活用して、主体的・対話的に学ぶことができるようにすることである。そのための課題は次の二つである。

（課題１）日常的な読書活動の推進と計画的な図書館利用

　児童が読書に親しみ、日常的に読書をできるようにするためには、学級文庫の整備や各教科で必要な図書の用意などの環境整備が必要である。そして、日常的に読み聞かせやブックトークなど、児童が興味・関心をもてるようにしていく必要がある。また、計画的に図書館を利用し、本に触れさせることも大切である。

（課題２）若手教員の育成

　本校には、新規採用教員から３年目までの教員が○割いる。これまで、図書室の利用や学級文庫の整備等について指導してきたが、毎日の授業や生活指導の対応に追われ十分な取組にはなっていない。また、新型コロナウイルス感染症の影響によって、読書活動の基本や調べ学習などにおける図書の活用などについて十分な研修はできていなかった。

（２）課題解決に向けて

　私は、主任教諭として以下のように取り組んでいく。

（取組１）身近に本のある環境づくりと計画的な図書館利用

　私は、担当として、国語主任や管理職に相談し、近隣の公立図書館から、団体貸出しを受け、月ごとにお勧めの本と学習に必要な図書を「学級文庫」として全校に設置していく。また、感染症の状況に応じて、オンラインを含む専門家による読み聞かせなどを全校で取り組むことを提案し、身近に本のある環境を作り、児童が進んで読書をする体験を積ませていきたい。また、学年ごとに例示するなど、調べ学習やまとめ方を学ぶ際などにも、図書館を利用できるようにしていく。

（取組２）研修会を通した若手教員の育成

　私はＯＪＴ担当と相談し、主幹教諭や管理職に指導をいただき、教室内の「学

級文庫」の置き方や、児童たちが利用しやすい環境の整備について提案し、全学級で環境整備をする。また、日常的な読書指導や調べ学習の取り組み方などについても、全学年で若手教員に指導をするように提案する。そして各学年主任から、実施の状況や指導の工夫や問題点などを聞き取り、必要なことについては改善案をもって管理職に報告、相談し指導を受け、フィードバックしていく。どの学年も学年として若手教員の指導に関わり、同じ取組をしていくことで、読書活動や図書利用の本校なりのスタンダードができると考える。

　コロナ禍での教育活動は今後も続くと考える。私は主任教諭として常に取組を振り返り、改善策を立案し、主幹教諭や管理職に指導を受け、一層の充実を図っていく。そして、今後も指導力向上に向けてさらに学び、主幹教諭を補佐し、学校組織に貢献していく所存である。

【中学校・高等学校・特別支援学校受験者へのアドバイス及び対応】

　本解答例は小学校の事例をもとに作成しています。教科担任制の中学校や高等学校では、各教科等の特性に基づいて学校図書館の活用を考えていく必要があります。また、特別支援学校については障害の種別や程度によって取組は異なると思われます。

　しかし解答例に挙げた、計画的な図書館利用や図書館の活用についての研修会の実施などは、校種に関係なく必要なことです。この解答例を参考に、自校の実態に合わせた解答を作成してください。

💡 解説

　令和３年に出された中央教育審議会答申「『令和の日本型学校教育』の構築を目指して〜全ての子供たちの可能性を引き出す、個別最適な学びと、協働的な学びの実現〜」（令和３年１月26日）には、次代を担う子供たちに必要な資質・能力の一つとして「文章の意味を正確に理解する読解力」を挙げており、読書の推進は大きな課題です。学習指導要領総則にも、学校図書館の計画的利用や、地域の図書館や施設の積極的活用が示されています。

　コロナ禍において、どう読書活動を推進していくのか、学校図書館や地域の図書館の活用について触れながら、具体的な取組について記しましょう。

（松浦正和）

予想問題①　令和５年度
予想問題②　令和５年度
実施問題　令和４年度
実施問題　令和３年度
実施問題　令和２年度
実施問題　平成31年度
実施問題　平成30年度

学年経営担当

（１）担当職務における課題

　今年度から私は、第○学年の学年主任として仕事をしている。同学年の他の教員は、本校初任○年目と今年度他校から転任してきた○年目の教員である。昨年度は１人１台のタブレットが配布され、学年として、調べ学習やＡＩドリルなどを使って、児童が楽しんで学習できるように取り組んだ。今年度は、さらにＩＣＴ活用を含め、児童に「個別最適な学び」と「協働的な学び」を体験させ、「主体的・対話的で深い学び」に向けた授業改善に取り組んでいく。そして、学校長の経営方針「基礎・基本の確実な定着」を図り「一人一人に応じた確かな学力を育む」ことが大切だと考える。

　これらに取り組む上での課題は、次の２点と考える。

（課題１）学年全体としてのＰＤＣＡサイクルの徹底

　毎週末に、その週の振り返りと次週のスケジュールの確認、各授業のねらいと留意事項、そして教材の検討と共有を図っている。しかし、必ずしも打ち合わせ通りに指導ができているとは言えない現実がある。一人一人の児童に応じた指導を積み重ねていくためには、学年として同一歩調で指導を進めていくことが必要である。

（課題２）児童への基礎・基本の定着と学力向上

　児童の中には、学年相応の学力が身に付いていない児童もいる。学年としては、各教科・領域において「読み・書き」を丁寧に扱い、「漢字・計算」については、ＡＩドリルを活用して、個に応じた課題に取り組ませている。しかし、継続的に基礎・基本を積み上げているとは言えない実態がある。

（２）課題解決に向けて

（解決策１）毎日の打ち合わせ、ＰＤＣＡサイクルの日常化

　取組などの進行管理は、毎日行った方が確実である。そこで、私は学年主任として、毎週末の学年会での確認事項をもとに、働き方改革に配慮した上で基本的に毎日打ち合わせを行い、教育活動を振り返る。そこで、その日の成果と課題を共通理解し、学年として取り組む事項を確認し、次の指導に生かすなど、同一歩調で指導に当たることができるようにする。

（解決策２）学年内でのＯＪＴの日常化

　年間指導計画をもとに、各教科・領域について、単元ごとの指導計画と１時間ごとの指導計画を確認し、「基礎・基本」を大切に扱う時間と、「主体的・対

話的」に取り組ませる時間を押さえて、確実に取り組んでいく。その際、ＩＣＴを活用する時間も確認し、児童がタブレットの扱いに慣れ、必要な時に使って学習できるようにしていく。さらに、ねらいや指導のポイントを確認し、各学級の指導が共通なものとなるようにする。そして、授業を見合い、よさや課題を確認し必要な調整をする。授業を見合うことは、若手教員だけでなく、学年全体の指導力向上につながる。

　私は主任教諭として常に取組を振り返り、改善策を立案し、主幹教諭や管理職に指導を受け、一層の充実を図っていく。そして、指導力向上に向けてさらに学び、主幹教諭を補佐し、学校組織に貢献していく。

【中学校・高等学校・特別支援学校受験者へのアドバイス及び対応】
　本解答例は、学級担任制の小学校の事例をもとに作成しています。教科担任制の中学校・高等学校、そして特別な教育課程を編成する特別支援学校においても、基礎的・基本的な事項の確実な定着を図ることと「主体的・対話的」に課題に取り組ませることとを、単元や一時間の授業の中でどう配分するのかを明確にして取り組む必要があります。また、担当学年の学力向上に向けたICT活用や若手教員の育成についても課題となっています。
　学年としてのPDCAサイクルやOJTの日常化等について、自校の実態に応じて修正し、解答を作成してください。

💡 解説

　小学校では、人手不足に加え、教員採用試験の倍率の低下が顕著となっており、人材育成は喫緊の課題となっています。学年内での共通理解、共通指導を行う上で、中学校や特別支援学校においても人材育成は欠かせません。児童・生徒をどう育んでいくかという観点と人材育成という観点から、自校の教職員と児童・生徒の実態に合わせた取組を具体的に論じるようにしましょう。　　　　（松浦正和）

予想問題①　令和5年度
予想問題②　令和5年度
実施問題　令和4年度
実施問題　令和3年度
実施問題　令和2年度
実施問題　平成31年度
実施問題　平成30年度

特別支援教育（特別支援教室）担当

（1）担当職務における課題

　私は、特別支援教室の主任を担当している。

　私の職務は、学校長の経営計画の「一人一人に応じた指導を通して生きる力の基礎を培う」ことを、特別支援教室の仕事を通して実践していくことである。仕事の内容は大別すると、①担当する児童の指導、②教室の他の教員への指導、③通級児が在籍学級で力を発揮することができるように環境調整すること、の三つである。これらの取組を通して、児童の課題を軽減し、児童なりの力を日常の学習や生活に発揮できるようにすることがねらいである。日常の指導を通して、ねらいを達成するための課題は以下の二つであると考える。

（課題1）教員個々の指導力の向上

　特別支援教室の担任には、専門的な知識や経験が必要である。しかし、教室の他の担任は特別支援教育に携わるのは初めての教員と新規採用教員である。授業観察の仕方や担任との連携の仕方、そして保護者対応も含め、指導の質を向上させることが教室としての大きな課題である。

（課題2）ケース会議や打ち合わせの定期的な実施

　現在、担任一人あたり○○人の児童を担当し、個別指導やグループ指導を行っている。仕事の内容は、前記したように、担当する児童の指導と、通常学級の担任と連携し、通常の学級での学びやすさ、課題や問題の軽減を図ることである。そのために、個別指導とグループ指導とを組み合わせて行っている。個々のケースについての指導や学級担任との打ち合わせ事項や配慮事項などの内容についても、教室として話し合い、よりよい指導を心がけていく必要がある。

（2）課題解決のために

（取組1）OJTとOff-JTを組み合わせた指導力の向上

　OJTでは、日常的にケース会議を行い、担当する個々のケースについて、実態把握、指導方針、ねらい、個別指導とグループ指導それぞれについて具体的な指導法を検討し、指導に当たる。そして結果について分析し、次の指導に生かすというPDCAサイクルを徹底する。

　Off-JTは、都や区市の主催する研修会や、臨床発達心理士等の専門家から指導を受ける機会を定期的に設け、指導力向上に努める。

（取組2）報告・連絡・相談の徹底

　在籍学級の担任との打ち合わせや管理職への報告等では、予定通りにはいか

ないこともある。また、保護者との面談等でも同様である。そこで、ケース会議を毎週１度行い、個々の指導や保護者との話の内容、そして担任・管理職への報告等も含め確認する。また、指導や出来事について、必ず報告し合い、指導や対応が一人の教員だけの判断とならないようにする。そして、管理職や巡回指導教員等に適宜相談し、よりよい指導ができるように取り組んでいく。

　私は主任教諭として、自分自身も含めた教室の教員が指導力を高め、よりよい指導ができるように、常に取組を振り返り、臨機応変に改善策を立案する。そして主幹教諭や管理職に指導を受け、一層の充実を図っていく。

・・

【中学校・高等学校・特別支援学校受験者へのアドバイス及び対応】

　本解答例は小学校の「特別支援教室」の事例をもとに作成しています。特別支援教室は、平成28年度から小学校に、平成30年度から中学校に導入が開始された制度で、令和３年４月に全校への導入が完了していますので、中学校でも同じ考えで執筆できます。高等学校でも、特別な支援を必要とする生徒への対応は欠かせません。カウンセラーや専門家との連携が重要となります。また、特別支援学校では障害の種別や程度によって取組は異なると思われます。

　校種に関係なく、解答例に挙げた、研修を通して指導力を向上させていくことや、ケース会議等で指導の共通理解を図ることは必要です。解答例を参考に、自校の実態に合わせた解答を作成してください。

💡 解説

　特別支援教室は、制度的には令和３年４月までに小・中学校全校に導入されました。しかし、配置される教員（講師）が専門的な知識・技能・経験をもった人だとは限りません。特別な支援の内容や具体的な指導法、そして児童・生徒との関わり方などの研修は欠かせません。タブレットなどのICTについても、教室でどう活用していくのかは新たな課題です。また、保護者や関係機関との連携についても、教室としてどう取り組んでいくかを具体的に記していきましょう。

（松浦正和）

予想問題① 令和５年度
予想問題② 令和５年度
実施問題 令和４年度
実施問題 令和３年度
実施問題 令和２年度
実施問題 平成31年度
実施問題 平成30年度

令和5年度
予想問題②

次の問題について、合計43行（1,505字）以内で述べなさい。ただし、35行（1,225字）を超えること。

主任教諭、主任養護教諭及び主任栄養教諭には、これからの学校教育を実現するために、担当分掌において、より積極的な課題解決を図ることが求められています。

（1）このことについて、あなたの担当する分掌において、特に運営の改善を図る上で課題となることは何か、2点挙げて、その理由を述べなさい。

（2）（1）で述べた課題を解決するために、あなたは主任教諭、主任養護教諭又は主任栄養教諭としてどのように取り組むか、あなたの実践・経験に触れながら具体的に述べなさい。

▶出題の背景

　令和2年度及び令和3年度のコロナ禍の2年間で、学校教育は様々な対応や教育活動の変更を余儀なくされました。また、GIGAスクール構想の前倒しによって児童・生徒に対し1人1台のタブレット端末が配布されるなど、教育活動自体を取り巻く環境も急激に変化してきました。

　新型コロナウイルス感染症の収束が未だ不透明ななか、学校は今日に至っている現状を踏まえ、求められている学校教育をより一層推進する必要があります。どの校種においても、現行の学習指導要領の考え方や趣旨を具体的な教育活動で具現化していくことには変わりがありません。中央教育審議会答申（令和3年1月）で示された「個別最適な学び」と「協働的な学び」、東京都教育委員会より示された「東京型教育モデル」で実践する「3つの『学び』」の実現が求められています。

　主任教諭、主任養護教諭、主任栄養教諭には、学校教育が目指す方向を念頭に置き、校長が学校経営方針や学校経営計画等で示す組織目標を実現していくために、自分が担当する分掌での組織運営を積極的に推進することが期待されています。

▶出題のねらい

　これからの学校教育では、令和2年度からのコロナ禍を経て今日に至っている学校の現況を踏まえ、学校教育に求められている教育活動をより一層組織として推進し、実現していかなければなりません。

　主任教諭、主任養護教諭、主任栄養教諭には、担当分掌での自分の業務だけでなく、分掌の組織的な運営を担うことが求められています。

　設問（1）は、担当分掌における課題を明確にし、組織的な運営を推進する意欲や資質・能力を問う問題となっています。

　設問（2）は、（1）で設定した課題を解決するための具体的で実現可能な解決策を問う問題となっています。

（石川清一郎）

予想問題① 令和5年度

予想問題② 令和5年度

実施問題 令和4年度

実施問題 令和3年度

実施問題 令和2年度

実施問題 平成31年度

実施問題 平成30年度

教務担当

（1）担当分掌における課題

　私は本年度、教務部に所属し、学校評価を担当している。学校評価は、教育活動等の成果を検証するとともに改善点を明確にし、児童によりよい教育を施行するために、学校運営の改善を推進する取組である。コロナ禍のなか、学校に求められている教育を具現化し、未来を担う児童の資質・能力を確かに育むことが重要である。私の担当分掌における課題は、以下の2点である。

（課題1）実効性のある学校評価の推進

　学校評価では、教育課程に基づく教育活動の成果と課題を明確にし、課題解決へ向けた改善策を策定することが大切である。全教員が改善策について共通に理解するとともに実践することが重要である。例年の学校評価では、全教員で改善点や改善策について確認はするものの、新年度の教育活動等の改善に至らない状況がある。学校評価における改善策を確かに実行し、次年度の教育活動等をよりよくする、実効性のあるものにしていく必要がある。

（課題2）学校全体が関わる学校行事の効率的な評価・運営の改善

　学校全体が関わる学校行事の評価は、各行事の担当者が行事の終了後に取りまとめているが、年度末の学校評価まで持ち越されている。次年度の実施に反映するよう確認しているが、新年度に改めて各行事担当者が実施計画を立案することから、評価が生かされず例年通りになりがちである。評価を生かした実施計画から実施へ向けた効率的な運営に改善する必要がある。

（2）課題解決に向けた取組

　私は主任教諭として、以下のように取り組む。

（解決策1）教育活動等の改善に資する学校評価の推進

　私は教務主任と相談し、学校評価で挙げられた改善点ごとに改善策を策定するグループを編成する。全教員の校務パソコン上に各グループ編成、各グループが担当する改善点、実施日を掲載し、実施当日に各自改善策を持ち寄ることを周知する。実施当日は、全教員が同一会場でグループごとに改善策を協議し策定する。その後、各グループから策定した改善策について説明し、全教員で合意形成を図る。新年度当初には、策定した改善策を各校務分掌等で実践し、検証することを全教員で再確認する。私は、教育活動等を常によりよく改善するマネジメントサイクルを確立する学校評価を推進していく。

（解決策2）学校行事の効率的な評価・運営システムの構築

　学校全体が関わる学校行事の評価は、行事の終了直後が記憶に新しく適切な時機である。私は、全教員による改善点に絞った評価を行事終了直後に行い、行事担当者が出された改善点を反映した次年度の実施計画を立案する「直後プラン」を提案する。行事担当者は、次年度の実施計画立案の過程で他の行事担当者や行事に関わる分掌等との調整を経て、事案決定規程に基づいて決裁を受ける。私は、新年度になってから実施計画等を検討・立案する必要がなくなる「直後プラン」による効率的な評価・運営システムを推進する。

　私は主任教諭として以上のように取り組み、学校評価に基づく教育活動等の改善を推進し、学校に求められている教育活動等の実現に力を尽くしていく。

【中学校・高等学校・特別支援学校受験者へのアドバイス及び対応】
　本解答例は、小学校の事例をもとに作成しています。校種の実態に応じて、次のような点に留意しながら表現の変更を考えてください。
　全校種・全学校が、新型コロナウイルス感染症の影響を受けて様々な変化を余儀なくされてから3年以上が経過しました。未だに新型コロナウイルス感染症の収束は不透明ですが、この間、各学校は柔軟に対応しながら今日に至っていると思います。各校種とも、具体的な教育活動を通して、現行の学習指導要領に示された「社会に開かれた教育課程」「カリキュラム・マネジメントの確立」「主体的・対話的で深い学びのある授業への改善」等を具現化していくことは変わりません。教育課程の進行管理及び調整を担う教務部の役割の視点から、校種の状況に応じた内容・表記で論述してください。

解説

　新型コロナウイルス感染症の影響により、学校は様々な対応を経て今日に至っています。自校の現在の教育課程を踏まえ、カリキュラム・マネジメントを確立していくことは、全校種、共通の課題です。カリキュラム・マネジメントを確立していく上で重要な要素が「学校評価」です。教務部の「学校評価」の理想的な運営や在り方について論述するとよいでしょう。　　　　　（石川清一郎）

生活指導担当

（1）担当分掌における課題

　私は本年度、生活指導部に所属し、生活指導主任の補佐を担当している。生活指導は、コロナ禍における学校での生活様式を踏まえ、児童の安全・安心を確保するとともに、学校生活が児童にとって有意義で充実したものにすることである。全教員が生活指導の意義を共通に理解し、学校全体で生活指導の充実を図ることが重要である。私の担当分掌における課題は、以下の2点である。

（課題1）全教員の共通理解による生活指導の充実

　学校は児童が集団生活を営む場である。教員と児童、児童同士の好ましい人間関係に基づく豊かな集団生活が営まれる学級や学校を形成することが、生活指導充実の基盤となる。しかし、単に学校生活上の生活習慣の指導や問題行動等への対応に終始している現状がある。人間関係が希薄になったコロナ禍を経てきている今、生活指導の意義について改めて全教員の共通理解を図り、生活指導の充実を推進することが重要である。

（課題2）生活指導の充実を図るPDCAサイクルの確立

　児童がよりよい学校生活を送るために学校スタンダード（学校生活のきまり）や生活目標を設定している。生活指導の充実のためには、その達成状況の把握・分析に基づいて改善することが大切である。しかし、生活指導部で年度末の学校評価時に検討はするものの改善されない状況が続いている。「学校スタンダード」及び「生活目標」のPDCAを確立する必要がある。

（2）課題解決に向けた取組

　私は主任教諭として、以下のように取り組む。

（解決策1）生活指導の充実に資する基盤づくりの推進

　児童一人一人が豊かに学校生活を送るためには、児童が安心して教員に話したり、相談したりすることができる学級・学校にすることが大切である。私は、教務及び生活指導主任の指導・助言を受け、年度当初に担任と児童一人一人との個人面談を提案する。個人面談のねらいや実施上の留意点等について生活指導部での合意形成を図り、全教員による共通理解の徹底を図る。また、毎学期1回、全学級、休み時間や放課後等の時間を活用した個人面談実施計画を作成し設定する。個人面談の際、担任は「聞き役」に徹し、面談を重ねることで児童が安心して何でも相談できる素地を培う。これにより、生活指導の充実を図る。

（解決策2）生活指導部を核としたPDCAによる指導の改善

　学校生活上の基本的なルールである学校スタンダードや生活目標の達成状況を評価し、学校全体で指導を改善していくことが必要である。私は生活指導主任の指導・助言を受け、学校スタンダード並びに生活目標についての状況調査を作成する。学校スタンダードは毎学期末に、毎月の生活目標は毎月末に全教員並びに全児童に調査を実施する。生活指導部で調査結果の分析に基づく指導の改善策を策定し、各学期当初の職員会議で全教員に周知徹底する。全教員の共通理解による指導の改善により、生活指導の充実を推進する。

　私は主任教諭として以上のように取り組み、児童が、安心して安全に、豊かな学校生活を送ることができるよう力を尽くしていく。

【中学校・高等学校・特別支援学校受験者へのアドバイス及び対応】
　本解答例は、小学校の事例をもとに作成しています。校種の実態に応じて、次のような点に留意しながら表現の変更を考えてください。
　全校種の学校の運営組織の中に、校務分掌として「生活指導部」があります（分掌の名称は学校によって異なるかもしれません）。「生活指導部」は、児童・生徒が、安心して安全に、楽しくよりよい集団生活を営めるよう学校全体の生活指導を進行管理するとともに、各学年等との調整を図ることが大切です。児童・生徒の学校生活を支える「生活指導部」の役割を果たしていくという視点から、所属する学校の実態に応じた内容・表記で論述してください。

🔍 解説

　全校種の学校では、児童・生徒の安全・安心な学校生活を確保するために、新型コロナウイルス感染症の感染防止に努めながら教育活動等を行ってきていることと思います。新型コロナウイルス感染症の収束は未だに不透明ですが、引き続き感染防止策を取りながら、全教員が現在の児童・生徒の状況を共通に理解して、生活指導部を核とした組織的な生活指導の推進が重要です。

　生活指導部内での役割分担はあると思いますが、生活指導主任（多くは主幹教諭）を補佐して、学校全体の生活指導を進行管理及び調整する視点から論述するとよいでしょう。

（石川清一郎）

研究・研修担当

（1）担当分掌における課題

　私は本年度、研究推進委員会に所属し、校内研究の円滑な推進を担っている。新型コロナウイルス感染症の影響によるGIGAスクール構想の前倒しにより、児童に1人1台のタブレット端末が配布された。これを受け、校長より校内研究を通してICT機器を活用した「主体的・対話的で深い学び」の視点に立った授業改善を具現化していくことが求められている。私の担当分掌における課題は、以下の2点である。

（課題1）「ICT機器」活用の共通理解・共通実践による校内研究の推進

　校内研究での研究授業を重ねることにより、ICT機器を活用した目指す授業に迫り、授業の改善と具現化を図ることが重要である。全教員がICT機器活用についての共通理解に基づいて共通に実践することが大切である。しかし、ICT機器を活用することが目的化していたり、教員の活用頻度に差異があったりする現状がある。ICT機器活用による目指す授業について、全教員の共通理解を図り、共通に実践する組織的な校内研究の推進が必要である。

（課題2）研究授業のPDCAによる授業改善

　校内研究では、研究授業の成果と課題を全教員で共有し、次の研究授業でその成果を生かすとともに、課題解決へ向けて改善することが重要である。また、講師の指導・助言等を反映した研究授業にする必要がある。しかし、研究授業やその後の協議会が一過性になりがちで、次に生かされていない現状がある。研究授業のPDCAによる校内研究の改善を図る必要がある。

（2）課題解決に向けた取組

　私は主任教諭として、以下のように取り組む。

（解決策1）「ICT機器」活用による授業改善を具現化する校内研究の徹底

　私は研究主任の指導・助言を受け、ICT機器活用による授業改善をねらいとした研究構想（案）を策定する。全教員の校務パソコンに研究構想（案）を掲載し、年度当初の校内研究全体会で研究構想についての共通理解を徹底する。ICT機器活用による目指す授業と目指す児童像、児童に身に付けさせたい力、ICT機器活用の視点について、忌憚のない意見交換による合意形成を図る。また、各学年及び専科の研究授業の事前検討に参加し、ICT機器活用の視点に沿った手立てを工夫する授業づくりを共に考えていく。私は各学年及び専科の研究推進委員と連携・協働して校内研究を推進していく。

（解決策２）ＰＤＣＡによる研究授業の改善

　私は研究主任と相談して、研究授業後の協議の在り方について提案する。Ｉ
ＣＴ機器活用による目指す授業にどこまで迫れたのか、授業を通して目指す児
童像にどこまで迫れたのかという視点に絞った協議とし、成果と課題を明確に
する。私は、次の研究授業に成果を生かすとともに課題解決に向けた改善を提
案する授業、講師による指導・助言を反映した授業を積み重ねる研究を推進する。
また、研究授業の成果と課題や協議会での確認事項、講師からの指導・助言を《共
通実践事項》として掲載した「研究だより」を月１回発行していく。

　私は主任教諭として以上のように取り組み、校内研究を通してＩＣＴ機器を
活用した授業改善を推進していく。

【中学校・高等学校・特別支援学校受験者へのアドバイス及び対応】
　本解答例は、小学校の事例をもとに作成しています。校種の実態に応じて、次のような
点に留意しながら表現の変更を考えてください。
❶中学校・高等学校は教科担任制による教科指導を行っています。校内研究では、学校全
　体で教科を一つに絞っての研究は難しい側面があると思います。
　しかし、新型コロナウイルス感染症の影響による学校教育を取り巻く様々な変化の中で、
　児童・生徒の学びを止めない措置として、全児童・生徒へ１人１台のタブレット端末が
　配布されました。タブレット端末等のＩＣＴ機器を活用する環境等も整えられてきている
　現在、ＩＣＴ機器を活用した授業の改善、児童・生徒のタブレット端末を活用した学びな
　どが、より一層求められるのは全校種共通の課題となってきます。
　ＩＣＴ機器の活用等をテーマとした校内研究や研究発表会が徐々に増えている現況を踏まえ、
　校内研究の円滑な推進役である研究推進委員会の一員として、所属校の実状に応じた論
　述をしてください。

💡 解説

　コロナ禍の３年間を経て、ＩＣＴ機器を活用した教育が急速に進められてきました。
自校の研究主題が直接ＩＣＴ機器を活用するテーマではなくても、今後の教育を見
据えた時、求められてくるＩＣＴ機器の活用について校内研究や研修で取り組むこ
とが必要です。自校のＩＣＴ機器活用の実態等を踏まえ、全教員でＩＣＴ機器活用に
ついての共通理解を図り、学校全体でＩＣＴ機器を活用した学びの具現化を推進す
る視点で論述するとよいでしょう。　　　　　　　　　　　　　　　　（石川清一郎）

予想問題① 令和５年度
予想問題② 令和５年度
実施問題 令和４年度
実施問題 令和３年度
実施問題 令和２年度
実施問題 平成31年度
実施問題 平成30年度

体育・健康教育担当

（1）担当分掌における課題

　私は本年度、体育主任として健康教育推進部に所属している。コロナ禍での体育学習の経緯と現況を踏まえ、❶健康教育を担う視点からも体育学習による児童の体力向上や健康の保持増進を推進していく必要がある。学校全体で体育学習の改善・充実に取り組み、体育科の目標を達成していくことが、健康教育の一翼を担うことになる。私の担当分掌における課題は、以下の2点である。

（課題1）学校全体で児童に健康に生きる力を育む体育学習の推進

　コロナ禍のなか、これからの社会を生きる児童に健やかな心身の育成を図ることはますます重要である。体育学習を通して、児童の体力を養うとともに健康的な生活習慣を形成することが大切である。しかし、年間指導計画等に基づく体育学習はしているものの、その実態は学年・学級に任されており、充実した学習活動は実施できていない現状がある。全教員が児童の健やかな心身を育成する視点で、共通に実践する組織的な体育学習の推進が必要である。

（課題2）若手教員の体育学習指導力の向上

　本校は初任者が○名、3年次までの教員を含めると全教員の○％である。体育学習での「主体的・協働的な学習活動」を具現化し、体育科の目標に迫るためには、若手教員の体育学習指導力の向上は不可欠である。しかし、若手教員の育成は各学年に任されており、授業の基本的なマネジメントも身に付いていない現状がある。若手教員の体育学習指導力を計画的に育成する必要がある。

（2）課題解決に向けた取組

　私は主任教諭として、以下のように取り組む。

（解決策1）全教員の共通理解に基づく体育学習の推進

　私は管理職及び教務主任の指導・助言を受け、児童に健康に生きる力を育む体育学習の全体構想を策定する。年度当初に健康教育推進部において、体育科での運動・保健学習で目指す児童の姿について検討・協議を行う。また、運動学習での1単位時間の授業モデル、保健学習では養護教諭と連携して1単位時間の授業モデルを作成して提案する。私は、児童が進んで運動したり、健康な生活を送ったりする「運動習慣」「生活習慣」を形成する体育学習について健康教育推進部での合意形成を図る。健康教育推進部を核として全教員の共通理解を徹底し、共通に実践する体育学習を推進していく。

（解決策2）若手教員の体育学習指導力の向上を図るOJTの推進

　私は教務主任と連携して、若手教員の体育学習指導力の向上を図るOJT実施計画を策定する。月1回、若手教員を対象とした体育学習の基礎・基本のミニ研修会、学期に1回、授業モデルの視点や実施上の留意点についての研修会や模擬授業による実技研修会を実施する。

　また、私は個々の若手教員と日程調整を行い、空き時間を活用して若手教員の授業観察を行う。観察当日の放課後に、若手教員と共に授業について振り返り、成果と改善点・改善策について助言・支援を継続していく。

　私は主任教諭として以上のように取り組み、全教員が一致して、児童に健康に生きる力を育む体育学習に取り組む運営に力を尽くしていく。

【中学校・高等学校・特別支援学校受験者へのアドバイス及び対応】
　本解答例は、小学校の事例をもとに作成しています。校種の実態に応じて、次のような点に留意しながら表現の変更を考えてください。
❶コロナ禍の3年間、全ての校種の学校が、学校教育を取り巻く急激な変化に対応してきました。その3年間を経てきた現在、改訂された学習指導要領に基づく教育活動が展開され、体育科においても、学習指導要領に示された体育科の目標を達成する学習に取り組まれていると思います。
　新型コロナウイルス感染症の収束が未だに不透明な中、教科としての体育科の指導だけでなく、児童・生徒に「健やかな心身を養う」体育・健康に関する指導は重要です。体育科における望ましい生活習慣の育成や、家庭科等での食に関する指導などを相互に関連させながら、学校教育活動全体として効果的に取り組むことが、全校種に求められています。健康教育を推進する視点から、自校の実態に応じて論述してください。

💡 解説

　全校種の学校が、新型コロナウイルス感染症の感染防止に努めながら教育活動を行っている現在、児童・生徒に健やかな心身の育成を図ることは極めて重要です。学校全体で児童・生徒が自ら健康で安全な生活を送ろうとする資質や態度を育む体育・健康に関する指導を推進するリーダーシップを発揮することが期待されています。

（石川清一郎）

予想問題① 令和5年度

予想問題② 令和5年度

実施問題 令和4年度

実施問題 令和3年度

実施問題 令和2年度

実施問題 平成31年度

実施問題 平成30年度

道徳教育担当

（1）担当分掌における課題

　私は本年度、道徳科主任として道徳教育の充実を図り、道徳科授業の円滑な推進を担当している。平成30年度より全面実施されている現行の道徳科の授業では、学習指導要領に内容項目の指導の観点として示されている「道徳性」を育むことが求められている。学校全体で引き続き道徳科授業の改善に取り組むことが重要である。私の担当分掌における課題は、以下の2点である。

（課題1）❶全教員の共通理解に基づく共通実践の推進

　道徳科の授業を通して児童に「道徳性」を育むためには、全教員が足並みを揃えて週1回の授業を実践、評価、改善していくことが重要である。しかし、各学級担任は教科用図書を使用して授業は行っているものの、教員個々により教材の捉え方や授業の展開等にばらつきがあるのが現状である。全教員が道徳教育の捉え方や道徳科授業についての基本的な考え方や展開等について共通に理解し、共通に実践することが必要である。

（課題2）❷若手教員の道徳科授業力の向上

　本校は、教職経験1～3年目の若手教員が全学年に配置されている。校内OJT等により、若手教員の学習指導力等の向上が図られているが、道徳科授業における基礎・基本となる事項や授業の基本的な展開が身に付いていない若手教員が少なからず見受けられる。学校全体の道徳科授業を改善し、質を高めるためには、若手教員の道徳科授業力を高めることが不可欠である。

（2）課題解決に向けた取組

　私は主任教諭として、以下のように取り組む。

（解決策1）「道徳科授業の基礎・基本」に基づく道徳科授業の推進

　私は、管理職及び教務主任の指導を受け、学期に1回実施する「道徳研修全体会」を企画し提案する。年度当初の研修会では「道徳科授業の基礎・基本」についてのリーフレットを作成して全教員に配布し、道徳科の捉え方や授業の基本的な展開等について、全教員で共通理解する研修を行う。他の2回の研修会は、研究授業その後の研究協議会を行い、講師からの指導・助言や協議での学びを日常の授業に生かしていく。また、私は管理職・教務主任・各学年主任で構成する「道徳連絡会」の設置を提案する。各学年の道徳科授業の進行管理や調整を行い、道徳科授業の改善を推進していく。

（解決策2）若手教員の道徳科授業力の向上を図る体制づくり

　私は、教務主任及びＯＪＴ担当者と相談し、若手教員を対象とした道徳科授業力の向上を図るＯＪＴ実施計画を策定する。月１回、道徳科の捉え方や授業の基礎・基本についてのミニ研修会、学期に１回、道徳科授業の基本的な学習過程を踏まえた研究授業や模擬授業を実施し授業力を高めていく。

　また、私は個々の若手教員と日程調整を行い、空き時間を活用して若手教員の授業観察を行う。観察当日の放課後に、若手教員と共に授業について振り返り、成果と改善点・改善策について助言・支援を継続していく。

　私は主任教諭として以上のように取り組み、全教員で足並みを揃えて、児童に「道徳性」を育む道徳科授業の推進に力を尽くしていく。

【中学校・高等学校・特別支援学校受験者へのアドバイス及び対応】
　本解答例は、小学校の事例をもとに作成しています。校種の実態に応じて、次のような点に留意しながら表現の変更を考えてください。

❶中学校・高等学校・特別支援学校における教科指導は、教科担任制による教科の専門教員が行っています。道徳科の授業は各学年の学級担任が指導しているのが一般的です。学校によっては担任だけでなく、副担任等の教員が指導に当たっているところもあります。ただ、道徳科の授業を行う全教員が道徳科についての捉え方を共通に理解して、道徳科授業での基本的な展開をすることの大切さは全校種で共通です。所属する校種での道徳科授業の実態を踏まえて、学校全体の道徳科授業を推進する視点で、内容・表記を考えてください。

❷校種によっては教職経験３年までの若手教員は少ないかもしれません。ただ、現行の学習指導要領で示されている学校教育活動全体を通じて行う「道徳教育」についての理解と実践には全ての教員が関わります。校種に応じた内容・表記を考えてください。

💡 解説

　教科化された道徳科の授業が全面実施されて複数年が経過しています。その間、新型コロナウイルス感染症の影響により、学校教育活動全体が様々な変更を余儀なくされてきました。しかし、「道徳の時間」から「特別の教科　道徳」に改訂された趣旨や考え方を授業で具現化していくことは変わりません。学校全体で道徳科のねらいを達成する授業の推進役を担う視点から論述するとよいでしょう。

（石川清一郎）

予想問題① 令和5年度
予想問題② 令和5年度
実施問題 令和4年度
実施問題 令和3年度
実施問題 令和2年度
実施問題 平成31年度
実施問題 平成30年度

教科担当（図画工作科）

（1）担当分掌における課題

　私は本年度、図画工作科の主任をしており、部会には低学年の担任が所属している。私の職務は、図画工作科の学習を通じて学習指導要領に示された資質・能力を児童に確かに身に付けさせる授業を組織的に運営することである。私は専科及び低学年の担任だけでなく、❶全教員が目標や造形的な視点について共通理解し、授業改善を推進することが大切だと考える。

（課題1）図画工作科の学習に対する共通理解に基づく指導の推進

　図画工作科では学習指導要領に具体的な題材が示されていないことから、学習活動が単なる作品作りになりがちである。作品作りを通じて自分の感性を働かせ、造形的なよさや美しさについて考え、創り出す喜びを味わわせることが大切である。児童に造形的な見方・感じ方を深めさせる系統的な学習へと改善を図り、全学年で足並みを揃えた指導を推進することが必要である。

（課題2）❷若手教員の図画工作科における指導力の向上

　本校では低学年の図画工作科の指導は学級担任が担当している。低学年を担当する経験年数が少ない若手教員は、作品作りの指導に終始してしまう現状がある。児童に図画工作科で育む資質・能力を育成していくためには、直接指導を行う若手教員の指導力の向上は欠かせない。校内OJT体制は取られているが、図画工作科に関する指導は専科任せにされている現状がある。校内OJTとして、若手教員の図画工作科の指導力を意図的・計画的に育成していく必要がある。

（2）課題解決に向けた取組

　私は主任教諭として、以下のように取り組む。

（解決策1）全学年でICTを活用した系統的な指導の推進

　「GIGAスクール構想」に基づき児童一人にタブレット端末1台が配布され、ICTを活用した教育が推進されている。私はタブレット端末で担当学年での授業動画を作成し、導入時に活用している。低学年での授業動画も作成し、低学年の授業前には学年会に参加して、全担任が足並みを揃えて授業動画を活用した指導を行うことができるよう助言・支援をしていく。また、他学年にも授業動画を配信していく。全教員が、図画工作科の学習は作品を作ることが目的ではなく、造形的な見方を広げ、感性を働かせて表現する学習であることを共通理解する指導を推進する。

（解決策2）若手教員の図画工作科の指導力向上を図る校内OJTの推進

　私は教務主任及び各学年主任と相談し、若手教員の図画工作科に対する理解を深め、学習指導力を向上する「ミニ図工研修会」を設定する。他の校内ＯＪＴとの調整を図り、月１回実施する。特に、直接指導を行う若手教員には、指導上のポイントや留意点について助言・支援を行う。また、若手教員の図画工作科の授業を参観し、学習指導上の課題を把握する。授業後に「振り返り」を行う時間を設け、よかった点や改善点について話し合い、共有するとともに、改善に向けた助言・支援をしていく。

　私は主任教諭として以上のように取り組み、学校全体が足並みを揃えて教育に当たる組織的な運営の改善に力を尽くしていく。

【中学校・高等学校・特別支援学校受験者へのアドバイス及び対応】
　本解答例は、小学校の事例をもとに作成しています。校種の実態に応じて、次のような点に留意しながら表現の変更を考えてください。

❶小学校の「図画工作科」は、中学校・高等学校では「美術科」を専門とする教員が指導に当たっています。ただ、各校種の学習指導要領に示されている「美術科」の目標や考え方を、具体的な授業を通して具現化していくことは変わりません。自校の「美術科」における授業等の状況を踏まえ、校種に応じた内容・表記を考え、論述してください。

❷校種や学校規模によっては、教職経験３年までの若手の「美術科」教員は少ないかもしれません。ただ、現行の学習指導要領で示されている「美術科」の目標や「美術科」教育の捉え方等について、校内OJTで若手教員を育成することは必要です。自校における校内OJTの実施状況や体制等を踏まえ、校種に応じた内容・表記を工夫してください。

💡 解説

　小学校では「図画工作科」、中学校・高等学校等では「美術科」として、それぞれ専門とする教員が指導に当たっています。「図画工作科」及び「美術科」教育においても、具体的な学習を通して学習指導要領の趣旨や考え方を具現化していくことが求められます。学習指導要領に示された「図画工作科」及び「美術科」の目標を達成する視点から、自校の状況を踏まえて論述するとよいでしょう。

（石川清一郎）

予想問題①　令和5年度
予想問題②　令和5年度
実施問題　令和4年度
実施問題　令和3年度
実施問題　令和2年度
実施問題　平成31年度
実施問題　平成30年度

学年経営担当

（1）担当分掌における課題

　私は本年度、第○学年の学級担任並びに学年主任の補佐を担当している。第○学年の全学級が足並みを揃えて教育活動等を展開し、校長より示された学校経営方針を具現化していくことが大切である。学年主任と連携・協働して、学年全体が学年経営方針に基づいて共通に実践する学年運営を推進することが重要である。私の担当分掌における課題は、以下の2点である。

（課題1）❶学年組織として教育力を向上する学年運営の推進

　第○学年という組織として日々の教育活動等を行い、児童に身に付けさせるべき資質・能力を確かに育むことが重要である。学年を構成している全学級で共通した学習指導や生活指導等を実践することが大切である。しかし、学校公開等で、学級によって学習指導や児童への対応の仕方が違うことへの不安や疑問の声が寄せられる現状がある。保護者の不安を払拭して信頼を得るためには、学年組織として共通に指導や児童への対応を行う学年運営が必要である。

（課題2）❷若手教員の学習指導力の向上

　本学年には、教職経験1〜3年次の若手教員が○名配置されている。校内OJTにより若手教員の育成が図られているが、学年内でも学年会の際に、特に学習指導について指導・助言をしてきている。しかし、若手教員への指導・助言に費やす時間を十分に確保できない現状がある。学年全体の教育力を高めるためには、若手教員の学習指導力を計画的に育成していく必要がある。

（2）課題解決に向けた取組

　私は主任教諭として、以下のように取り組む。

（解決策1）学年会を核として教育力の向上を図る学年運営

　私は学年主任の助言を受け、各学級担任がそれぞれ専門とする教科について各単元の指導計画や基本的な授業展開の策定、教材の準備等を分担し、学年会において全員で共有し、共通に指導する体制を構築していく。また、管理職及び教務主任と相談・協議して、学校運営上の諸会議を精選し、学年会を週2回設定することを提案する。学年会の1回は、学年の各自がそれぞれ担当する教科の単元の指導計画の確認や授業展開、使用する学習資料等について共通理解を図ることにあてる。私は、学年の各学級の進捗状況についての進行管理と調整とともに助言や支援を行い、学年組織として教育力の向上を推進する。

（解決策2）若手教員の学習指導力の向上を図るOJTの強化

　私は初任の頃、自身の指導力に不安を感じることが多く、先輩教員の授業を参観することを通して学ぶことで力が身に付いた。私は教務主任及びＯＪＴ担当の指導・助言を受け、若手教員の学習指導力を育成するＯＪＴの強化を提案する。１〜３年次の若手教員が空き時間等を活用して、各若手教員のニーズに応じた先輩教員の授業を参観して学ぶことができるよう調整する。授業参観を行った日の放課後は、先輩教員から授業のポイント等について学ぶ研修を行う。また、私は学年内の若手教員の授業を参観し、助言や支援を計画的に継続していく。

　私は主任教諭として以上のように取り組み、学年及び学校全体が足並みを揃えて教育に当たる組織的な運営に力を尽くしていく。

【中学校・高等学校・特別支援学校受験者へのアドバイス及び対応】
　本解答例は、小学校の事例をもとに作成しています。校種の実態に応じて、次のような点に留意しながら表現の変更を考えてください。
❶中学校・高等学校・特別支援学校では、各学年・学級を担当する教員は、各教科を専門とする教員で構成されています。各学年・学級での各教科の授業は、教科専門の担当教員が指導に当たっています。学級担任を担当する教員は、自分が専門とする担当教科の授業以外に、学級での特別活動（学級活動）や生活指導、道徳科授業の指導に当たっています。ただ、校長の経営方針を受け、学年主任を中心として「目指す生徒像」などの実現を図るために、全学級が足並みを揃えて取り組むことは大切です。所属する校種の学年運営の状況に応じて内容・表記を工夫してください。
❷若手教員の学習指導力等の育成については、各校種での育成体制の中で助言や支援が行われていると思います。校内OJTとして、各教科部での育成や学年内での育成の状況に応じて論述してください。

💡 解説

　学校を構成している各学年は、校長の学校経営方針を受け、校長が示す経営目標を具現化して成果を上げる学年運営が求められます。学年を構成する各学級担任の合意形成を図り、学年という組織として足並みを揃えた学級経営や児童・生徒への指導や対応をすることが大切です。学年主任の役割を担う視点で論述するとよいでしょう。　　　　　　　　　　　　　　　　　　　　（石川清一郎）

特別支援教育（特別支援教室）担当

（1）担当分掌における課題

　私は本年度、特別支援教室での指導を担当している。私の職務は、対象児童の障害の状態等に応じて適切な指導をするとともに、学校全体で個々の対象児童への配慮に基づく指導を推進することである。在籍学級においても対象児童に対する効果的な指導が行われるよう、特別支援教室での指導の効果を波及することが重要である。私の担当分掌における課題は、以下の2点である。

（課題1）特別支援教育に対する全教員の共通理解の徹底

　特別支援教育は、個々の児童の障害の状態等に応じた指導内容や指導の工夫を検討して適切に指導を行うことが重要である。しかし、特別支援教室以外での在籍学級等での教室では、対象児童に対する支援や指導が、担当教員個々の考えに任されている現状がある。在籍学級の担任を含む全ての教員間で、対象児童に対する支援や対応についての共通理解に基づく指導をする必要がある。

（課題2）特別支援教室と在籍学級との連携・協働による支援の推進

　対象児童が特別支援教室で身に付けた力を、在籍学級での教育活動の中で生かすには、学級担任による配慮や指導が必要である。しかし、在籍学級での対象児童に対する理解や指導の在り方には、ばらつきがあるのが現状である。特別支援教室担当と在籍学級担任が連携・協働して、対象児童個々の障害等に応じた配慮や指導、支援の工夫についての共通理解を図り、対象児童個々にあった指導、支援をそれぞれの場で適切に実践する必要がある。

（2）課題解決に向けた取組

　私は主任教諭として、以下のように取り組む。

（解決策1）全教員の共通理解を図る場の設定

　私は管理職の指導を受け、教務主任及び各学年主任と相談して、全体研修会の開催と校内委員会の活用を提案する。年度当初と夏季休業中に「特別な配慮を必要とする児童の理解や指導の在り方」について共通理解を図る全体研修会を実施する。また、児童について情報共有をする場となっている教育相談校内委員会を、学年ごとに実施できるよう調整する。各学年に在籍している対象児童個々に応じた効果的な支援方法や指導の工夫を検討して共通理解を図る場とする。全学級に在籍している対象児童に応じた「特別な支援の必要性と指導の在り方」について、全教員の共通理解に基づく教育活動を推進する。

（解決策2）特別支援教室と在籍学級との連携・協働体制の構築

　私は、対象児童の行動や言動に基づく課題、指導内容や指導経過などを記載した「連絡カード」を作成する。在籍学級の担任と日程調整を行い、毎月1回、「連絡カード」に基づく「連携会議」を設定する。「連携会議」では双方の教室での児童の状態等を共有する。在籍学級でも、児童が特別支援教室で身に付けた力を生かせる活動内容や指導、支援の方法について協議して合意形成を図る。私は、特別支援教室と在籍学級を繋ぐ「連携会議」を核とした指導体制により在籍学級での対象児童への指導・支援の充実を推進する。

　私は主任教諭として以上のように取り組み、学校全体で足並みを揃えて、特別な支援を必要とする児童への指導や支援を行うよう改善していく。

【中学校・高等学校・特別支援学校受験者へのアドバイス及び対応】

　本解答例は、小学校の事例をもとに作成しています。校種の実態に応じて、次のような点に留意しながら表現の変更を考えてください。

※解答例は「特別支援教室」担当として記述しています。特別支援教育は、児童・生徒が抱えている状況によって、就学相談等を経て、当該児童・生徒に合った教室や学級、学校で指導や支援を受けるようになっています。「特別支援教室」のほかに、「知的障害特別支援学級（固定学級）」「情緒障害特別支援学級（固定学級）」等があります。解答例を参考にして、受験時の担当に応じた内容・表記で論述してください。

※特別支援学校には、様々な障害を抱えている児童・生徒がいます。所属する学校で担当している部署に応じて適切な表記をしてください。

💡 解説

　特別支援教育（特別支援教室等）担当の主任教諭には、特別支援学校学習指導要領及び学習指導要領の総則「第4　児童（生徒）の発達の支援」の内容を踏まえて職務を遂行することが求められます。学級経営の充実、「ガイダンス」と「カウンセリング」の双方によって、児童・生徒の発達を支援するという考え方を校内に広げ、推進していくリーダーシップを発揮することが期待されています。全教員の共通理解を図り、校内の体制づくりや個と集団の学びを発達につなげる具体的な対応策を論述するようにしましょう。　　　　　　　　　　　（石川清一郎）

予想問題①　令和5年度
予想問題②　令和5年度
実施問題　令和4年度
実施問題　令和3年度
実施問題　令和2年度
実施問題　平成31年度
実施問題　平成30年度

養護教諭

（1）担当分掌における課題

　学校は、これまでのコロナ禍の影響により様々な変更を余儀なくされたが、❶現行の学習指導要領に基づく教育活動等を具現化していくことは変わらない。私は養護教諭として健康教育推進部に所属し、児童が生涯を通じて健康・安全で活力ある生活を送る基礎を培うことを担っている。児童に健やかな心身を育成していくために、私の担当分掌における課題は、以下の2点である。

（課題1）組織的な健康教育の推進

　健康教育は、体育科、家庭科及び特別活動の時間や食育における指導などを相互に関連させながら、教育活動全体で効果的に取り組むことが大切である。しかし、各学年で各教科等の指導計画に沿った指導は行われているものの、学校全体で児童に健やかな心身の育成を図るという健康教育の視点が十分に理解されていない現状がある。全教員の健康教育についての共通理解を図り、学校全体で組織的に健康教育を推進する必要がある。

（課題2）全教員の共通理解に基づく保健指導及び保健学習の推進

　児童が心も体も健康で生き生きと生活していくためには、児童が自ら進んで健康的な生活を送ろうとする資質や態度を育むことが大切である。しかし、保健指導の年間指導計画や体育科での保健学習の指導計画はあるが、保健指導と保健学習についての理解が曖昧なまま指導が行われている現状がある。全教員の共通理解を図り、学校全体で共通に指導する必要がある。

（2）課題解決に向けた取組

　私は主任養護教諭として、以下のように取り組む。

（解決策1）健康教育推進部を核とした組織的な健康教育体制の整備

　私は管理職の指導を受け、健康教育推進部を構成している教務主任・生活指導主任・体育主任・家庭科主任・❷食育担当教員と連携・協働して「健康教育全体指導計画」を策定することを提案する。体育科、家庭科、特別活動の時間、食育、保健での指導を相互に関連付けた「健康教育全体指導計画」に基づき、全学年で共通に実践する体制を整備する。各学期末には健康教育推進部で、全学年で実践した「運動」・「保健」・「食育」の進捗状況や成果と改善点を把握する。学期末の職員会議において、健康教育推進部より改善策を提示して全学年の合意形成を図り、次の実践に生かしていくようにする。

（解決策2）全教員が共通に実践する保健指導・保健学習

　私は、年度当初に、健康教育の視点から保健指導・保健学習それぞれの「ねらい」や目指す児童の姿、健康的な生活習慣についてリーフレットを作成して全教員の共通理解を図っていく。また、生活指導主任と連携して各学年の保健指導の年間指導計画の改善と指導モデル、体育主任と連携して1単位時間の保健学習の授業モデルを作成して提案する。特に、保健学習では、児童が自分の生活を振り返り、日常の生活において実践する取組を入れる。健康教育推進部での合意形成を図り、全教員で児童に望ましい健康習慣を育んでいく。

　私は主任養護教諭として、児童が望ましい健康習慣を身に付け、心身ともに健康で安全な生活を送る基礎を培う健康教育を推進する。

【中学校・高等学校・特別支援学校受験者へのアドバイス及び対応】

　本解答例は、小学校の事例をもとに作成しています。校種の実態に応じて、次のような点に留意しながら表現の変更を考えてください。

❶全ての校種の学校で、現行の学習指導要領に基づく教育課程を編成し、教育活動を実施しています。

❷学校によっては「栄養教諭」が配置されています。

💡 解説

　児童・生徒の養護をつかさどる養護教諭は、定期的に健康診断、日常的に保健指導や救急措置等を行っていると思います。通常の職務に加えて、養護教諭の専門性と保健室の機能を最大限に生かして、心の健康問題にも対応した心身の健康の保持・増進を図る役割を強く求められています。学習指導要領に示されている「健やかな体」を育むために、養護教諭として関わることが期待されているところです。所属する学校で、養護教諭として担っている職務について、学校運営上の重要な役割を担う視点で、設問（1）で問われていることに正対して論述してください。

（石川清一郎）

予想問題①　令和5年度

予想問題②　令和5年度

実施問題　令和4年度

実施問題　令和3年度

実施問題　令和2年度

実施問題　平成31年度

実施問題　平成30年度

栄養教諭

（１）担当分掌における課題

　私は本年度、❶栄養教諭として健康教育推進部に所属し、児童に健やかな心身を育む食育の推進を担当している。食育の指導を通して児童に望ましい食習慣を身に付けさせ、健康的な生活習慣を形成することが大切である。児童が食に関する正しい知識を習得して自らの食生活を振り返り、実践しようとする態度を育むことは欠かせない。私の担当分掌における課題は、以下の２点である。

（課題１）❷全教員の共通理解に基づく組織的な食育の推進

　食に関する指導は、体育科での望ましい生活習慣の育成、家庭科での食生活に関する指導、特別活動での給食の時間を中心とした指導などを相互に関連させながら効果的に取り組むことが大切である。しかし、指導に当たっては各教科等の指導計画の中で各学年・学級に任されており、学年・学級によって指導や取り扱いにばらつきが見受けられる。全教員が健康教育の視点で食に関する指導について共通に理解し、学校全体で食育を推進する必要がある。

（課題２）栄養教諭の専門性を生かす食育の充実・推進

　健康教育推進部で策定した各学年の「食育指導計画」に基づいて食に関する指導を行う際には、指導に当たる各学年の学級担任等と栄養教諭との教員間の連携が大切である。しかし、各学年・学級での指導の際に学級担任との事前の打ち合わせ等の時間を確保することが難しい現状がある。学級担任と連携し栄養教諭の専門性を生かした食育を推進する必要がある。

（２）課題解決に向けた取組

　私は主任栄養教諭として、以下のように取り組む。

（解決策１）健康教育推進部を核とした組織的な食育の推進

　私は生活指導及び家庭科主任と相談して児童の「食生活実態調査」を作成し、健康教育推進部に提案する。年度当初に全学年で実施し、結果の分析・考察に基づいて「食育全体計画」及び各学年の「食育指導計画」を見直し改善する。年間を前期と後期の二期に分け、各期末に、健康教育推進部において全学年・全学級での食育の進捗状況や成果と課題を共有する。課題については、健康教育推進部で検討・協議して改善策を策定し、全学年・全学級で次期での指導に生かしていくよう周知徹底していく。健康教育推進部を核としたＰＤＣＡによる組織的な食育を推進していく。

（解決策２）各学年と栄養教諭が連携・協働した食育指導の推進

　私は教務主任の指導を受け、各学年主任と相談して食育指導をする事前の打ち合わせ会を設定する。この打ち合わせ会で、私は学年ごとの食育指導のねらいや発達段階に応じた食育指導モデルを提案するとともに合意形成を図る。これにより、各学年の全学級での食育指導モデルの実践を図る。また、食育指導モデルに基づく実際の指導の際には、学級担任と栄養教諭とのティームティーチングで行うようにし、指導での役割分担を明確にする。私は自らの専門的知識を各学年に提供して、各学年と連携・協働した食育指導を推進していく。

　私は主任栄養教諭として以上のように取り組み、学校全体で児童に健やかな心身を育む食育を推進することに力を尽くしていく。

【中学校・高等学校・特別支援学校受験者へのアドバイス及び対応】
　本解答例は、小学校の事例をもとに作成しています。校種の実態に応じて、次のような点に留意しながら表現の変更を考えてください。

❶栄養教諭は、所属する校種によって置かれている状況等が異なっていると思います。小学校の学校給食を例にすると、自校の給食調理室で作られている学校、学校給食センターで作られ各校に配送される学校と、各自治体によって異なります。また、学校に配置されている栄養教諭、学校給食センターに配置されている栄養教諭と、栄養教諭の配置も各自治体によって違います。

　ただ、栄養教諭の専門性を生かし、学校における食育を推進する役割を担うことには変わりがありません。自身が所属している学校等における食育の状況を踏まえ、食育を推進するリーダーの視点で論述するとよいでしょう。

❷中学校・高等学校は教科担任制で、全教員の共通理解を図ることは難しい面があるかと思います。ただ、どの校種においても児童・生徒の「健やかな体」を育成することは変わりません。「健やかな体」を育むことを担う担当者等と連携・協働して、組織的に食育を推進する視点で論述してください。

💡 解説

　各校種の「学習指導要領 解説 総則編」にある児童・生徒に「健やかな体」を育成する考え方や内容に基づく、「食育」を推進する視点で論述するとよいでしょう。

（石川清一郎）

令 和 4 年 度
実 施 問 題

　次の問題について合計43行（1,505字）以内で述べなさい。ただし、35行（1,225字）を超えること。

　主任教諭、主任養護教諭、主任栄養教諭には、担当分掌において、自分の担当する業務の進捗状況を確認しながら分掌全体の進行管理をすることが求められています。

（1）このことについて、あなたの担当する分掌において、特に全体の進行管理を行う上で課題となることは何か、2点挙げて、その理由を述べなさい。

（2）（1）で述べた課題を解決するために、あなたは主任教諭、主任養護教諭又は主任栄養教諭としてどのように取り組むか、あなたの実践・経験に触れながら具体的に述べなさい。

▶出題の背景

　新型コロナウイルスによる感染症対策が各学校の求められていることと直接的な関連があるかどうかは不明ですが、各学校がそれぞれの分掌業務の進捗状況を把握しながら、全体の進行管理をしていくことはこれまで以上に重要となっていることは否定できません。それを怠ることや調整等が不十分な場合、学校全体、保護者等にも大きな影響が出てきます。そのため、主任教諭等にも課題を明確にし、それにどのように取り組み、改善していくのかを問うことになったと考えられます。

　また、GIGAスクール構想により、学校内のインターネット環境が劇的に変化し、そのことを分掌の進行管理に役立てていくことが求められています。教員の働き方改革の推進においても、これまで一定の会議体において話し合いを大切にしながら進めてきたことが、逆に時間の有効活用に反することにつながってきました。そのことを改善していくためにも、情報共有と職務の進行管理をこれまでにない形に改善していく必要から、このような出題になったことが想定されます。

▶出題のねらい

　平成30年度にも「担当する職務において、担当する業務の進行管理や調整を図る上で、課題となることは何か」という問題が出されています（P154）。4年の間、学校を取り巻く環境は激変し、主任教諭には状況の把握と明確なビジョンをもった職務遂行がこれまで以上に求められています。特にこの問題では、進行管理だけでなく業務の進捗状況の確認も付け加わっています。そのことも念頭に置きながら論述する必要があります。

　これまで教諭としても業務の進行管理にあたる機会は多々あったと思います。課題意識をもってその経験を振り返り、主任教諭としての立場を明確にして、具体的で効果の見える内容を述べていくことが求められています。

（山田修司）

予想問題① 令和5年度

予想問題② 令和5年度

実施問題 令和4年度

実施問題 令和3年度

実施問題 令和2年度

実施問題 平成31年度

実施問題 平成30年度

教務担当

（1）課題

　現在、主に教務担当として主任を支える職務を担っている。2校目の異動で初めて教務担当となり、経験豊かな主幹教諭に指導してもらうことも多いが、任される仕事も増え、責任をもって取り組み若手教員への助言などを行う機会を考えながら職務にあたっている。現任校の課題は以下の2点が挙げられる。

（課題1）各分掌の業務の進行管理体制づくり

　教務担当として、❶授業時数や時間割、学校行事の調整等を行っている。対象が広範囲に及ぶために、各学年や担当者と情報交換を行い、意向を確認しながら全体を調整していくためには、時間がかかる。そのため効率的な進め方が求められており、その体制の構築が課題となっている。

（課題2）進行管理のための会議の時間の有効活用

　学校には❷様々な形の会議体が存在しており、時には教員の授業準備や児童への指導などの時間確保に影響の出ることも多い。調整のための会議の設定や内容を見直し、有効な時間活用をすることによって、進行管理等の職務の改善につなげることが課題となっている。

（2）課題の解決のために

　1点目の課題については、各分掌担当に任されていることが多いが、教務担当が全体の状況を把握し、調整していくことが大切になってくる。授業時数や時間割の管理はあらかじめパソコンにフォーマットを作成し、それに記入することによって、関わりのある人が閲覧し、質問等があれば双方向で共通理解する場をつくりだす。ただ、その記録をもとに定期的に全体での振り返りの会を設定し、直接的に課題を解決し改善していく場とする。また、会の内容も対話の中で進める必要のある内容に限定し、時間を有効に利用する。

　教務担当としても、これまで記録の蓄積方法や閲覧については、パソコンやメールを活用し、直接教員が集まらなくても調整できる体制を築いてきた。ただ、それを補うためにも各担当と短時間でも確認、調整するようにしていくことが大切である。何を協議し、どのような方向で進めていくのかという視点で自分の担当職務を見直すことで、効率的な組織運営とその時期に応じた課題解決を進めていくことができる。

　次に2点目の課題である会議等の精選については、教務担当として現在取り組んでいる課題である。学校における教員の働き方改革は喫緊に解決すべきこ

とであり、ワークライフバランスの観点からも教員の勤務についての見直しが求められている。学習指導やその準備、それ以外の直接的な児童への指導の場面を除けば、時間的な余裕を見つけるためには、校内の会議や委員会、学校行事等の打ち合わせなどの精選や時間の有効活用が必要となってくる。そこで、会議の内容や時間、実施回数、出席者などから、個々の会議や打ち合わせを必要度によって分け、その場に集まるのか、資料の提示により時間を削減するなど校内のインターネット環境を活用するのかなど、適切な会議体を構築し、進行管理にも役立てていく。また、長期休業を活用できる場合もあるので、集中的な会議実施も可能としていく。

　今できることは変革の意識をもっての改善である。時間の有効活用がゆとりをもった教育活動につながると考えている。常に個々の職務の進捗状況を把握していくことは大切であるが、効率的な運営も合わせて行う必要がある。

- -

【中学校・高等学校・特別支援学校受験者へのアドバイス及び対応】
❶教科担任制をとる中学校や高等学校では、同じ教科の担任が中心となって進行管理を行うことが多いと思いますが、学年や教科の枠を超えた全体把握も重要です。学年主任や教務の担当者としての連携体制の構築の方法には多少の違いがあり、また学校規模によっても工夫が必要となってきます。
❷学校の種類や規模によっても会議体は異なっており、そのことを十分に理解して課題解決策を考える必要があります。特に、中学校等では学年を中心とした組織があり、学校全体での連携を考えていく必要があります。特別支援学校では小学部・中学部・高等部などに分かれていることが多く、それぞれの独立しがちな組織の連携・調整をどう図っていくかの課題があります。

💡 解説

　教務担当は学校全体の運営の中心として職務を遂行することが多く、教務主任である主幹教諭の意向や校長・副校長の意向を十分に受け止めた課題解決を目指すことが求められます。進捗状況を把握し、進行管理を行うことは教務担当としては重要なことであり、様々な情報や状況をもとに、これからの方向性を確立していくことも求められます。自分がそのことにどのように関わり、改善の道筋をたどっているのかを明確にしていくことは、当然のことながら具体的になることにつながります。

　実際に成果となったことやこれから目指そうとしている内容など、論文を読んだ人が具体的場面を想起できるようなものになるよう工夫しながら述べていくことが大切です。
　　　　　　　　　　　　　　　　　　　　　　　　　　　　（山田修司）

予想問題① 令和5年度
予想問題② 令和5年度
実施問題 令和4年度
実施問題 令和3年度
実施問題 令和2年度
実施問題 平成31年度
実施問題 平成30年度

生活指導担当

（1）課題
　現任校では生活指導を担当、主幹教諭である生活指導主任を支える職務である。学校経営方針として「児童が主体的学習に取り組み、互いのよさを認め合う学校づくり」が示されている。この内容を生活指導面から全校的に取り組むため、組織の進行管理における次の2点の課題解決に取り組もうとしている。

（課題1）若手教員の指導力向上
　現任校の教員の約半数は教員経験5年未満の若手教員であり、様々な児童に対する生活指導の力量に不安がある。学級経営や保護者対応などの情報を把握し、適切な助言や指導力向上のための計画的・組織的な体制の確立が急務となっている。

（課題2）生活指導に関する情報の一元化の体制づくり
　生活指導は、❶学級内での指導について、個々の教員の主体性や力量に任せる場面も多く、教員による指導の違いを指摘されることもある。現在、各学年や学級で何が課題となり、どのような支援を必要としているのかを把握する中で、情報を整理し、的確な方向性を提示する体制が求められている。

（2）課題解決に向けた取組
（解決策1）若手教員の研修体制の構築
　若手教員が生活指導面でどのようなことに悩んでいるのかを情報収集、分析し、体系化する。それをもとに各主任教諭と担当職務との関係を明確にしながら、研修体制を構築していく。❷研修の内容・時期・対象などの要素を一覧にした年間の研修計画と個人別の研修計画を作っていく。さらに、実行した内容と振り返りを一定期間に行いながら途中での修正等にも対応していく。研修は、年齢的にも近く、共通した経験内容も多くある主任教諭を中心に行うことで、段階的な力量向上を目指す。

　特に生活指導上の内容についてはOJTを中心とし、事例や対応に即応する形での指導を進めていく必要がある。個々の教員と情報を共有し、どの場面でどのような助言や支援が必要となるのか、その結果がどうであり、今後の方向性をどのようにしていくかなどについて、生活指導主任や研修担当主任教諭で話し合い、研修の進捗状況を見ながら、次のステップに進んでいくようにする。生活指導面での力量のアップは児童や保護者からの信頼を得るとともに安定した学級経営につながっていくことになる。

（解決策2）情報共有の体制づくりと活用

　各学級の中で生活指導の基本的な内容や対応策の共通理解はできているが、学年の発達段階の違いや個々の児童の状況によっても、指導の方法は様々である。その内容が適切なものになっているかどうかを見極めることも大切になってくる。そのために、❸各学年の生活指導担当は課題となっている状況や困難な対応例などの情報を収集し、学校全体の生活指導として分かりやすい形でまとめておく。そのことをもとに担任だけでなく、支援する体制や内容についても話し合い、具体的な指導ののちに振り返りを行い、次の方策を考える道筋を付けていく。そのようにすることで具体的対応策が積み上がり、その内容を参考にしながら指導に当たることにより、個々の教員の指導内容の充実を目指していける。全体的な進行管理が、多様化する生活指導の課題の解決や目指す学校像の具体化につながっていくと考える。

・・・

【中学校・高等学校・特別支援学校受験者へのアドバイス及び対応】

❶中学校・高等学校などでは、若手教員が副担任として先輩の学級担任から指導を受けながら力を付けていくケースが多くあります。

❷学年単位の組織の中で育成していくことも多く、学校全体の組織との関係性を考慮しながら、研修計画を作っていく必要があります。

❸中学校・高等学校などでは、地域や他の学校などの対外的な生活指導上の問題も発生することがあり、校内の体制を作っておく必要もあります。また、広域的な対応については、日頃から連絡・連携体制が機能するようにしておきます。

💡 解説

　生活指導は個々の指導の場面と学校全体の方針で取り組んでいく場面の両方があります。学校行事や学年集会などの全体的な指導の場面では、一定の共通理解に基づき行っていくことで、ある程度円滑に進みますが、逆に学級内などの個々の生活指導の場面では、担任に任されることが多く、気が付いた時には解決の難しい段階にきていることもあります。そのため日頃から、個々の情報を収集、一元化することで、多くの指導経験から適切な対応策を考えていくことができます。

　現在は「チーム学校」というように組織全体として対応することが求められており、生活指導はその最たるものです。スクールカウンセラーやスクールソーシャルワーカーの活用も視野に入れる必要があります。生活指導はその場の対応になりがちですが、これまでの実績の積み上げを分かりやすい形でまとめ進行管理することで、さらに有効な手立てを見つけられます。　　　　　　　（山田修司）

予想問題① 令和5年度
予想問題② 令和5年度
実施問題 令和4年度
実施問題 令和3年度
実施問題 令和2年度
実施問題 平成31年度
実施問題 平成30年度

研究・研修担当

（1）担当職務における課題

　現任校では研究推進委員会に所属し、校内研究の実践に取り組んでいる。特に今年は区の研究推進校を受けており、来年の研究発表会に向けて大事な時期である。現在、研究課題を推進するための組織運営を担っており、その課題は、年間計画に基づいて研究授業を中心とした研究は推進されているが、研究実践の積み重ねがなく、全体的な調整が円滑にいっていないこと、❶研究したことが日々の教科指導の改善に結びついていないことの２点が挙げられる。決められたことだから行うという教員の意識を、新しい教育改革のための授業改善へと変えていくことが求められている。

（課題１）研究組織の計画的な運営

　❷研究推進委員会という組織の中で、研究主題に対する考え方や年間の研究計画や研究の方向性については、明確な方針ができている。しかし、そのことを実践していく時に、現在の状況把握や課題への対応策などを柔軟に取り入れ、新たな道を模索していく運営ができていないことが課題となっており、研究の活性化の阻害要因の一つになっている。

（課題２）教員の資質向上に結び付く授業改善

　研究する内容が各教科の指導にどれだけ生かされているのかを確認することが難しく、貴重な時間を割いて行っている研究実践が授業の改善に十分結び付いていない課題がある。個々の教員の授業改善の状況を把握し、どんな成果があったのかの情報を共有するなどの研究の進行を明確にすることが、新たに授業を作り出し、研究内容を活用、工夫していくことにつながっていく。

（2）課題解決に向けた取組

（取組１）研究推進状況の把握と情報共有

　研究の推進状況は推進委員会を実施するなかである程度は把握できるが、各分科会での課題や改善策の構築、その実施結果等、細部にわたった検証をする機会をもつことが厳しい。その改善のためにもフォーマットを用意して定期的に記入し、情報共有と対応策の提示をすることで、より研究内容の理解と進捗状況の把握ができる。推進委員会で話し合われたことが、各分科会での理解を得て、そこでの協議内容が推進委員会にフィードバックされる体制をもう一度検証し、推進委員会の考えや方針をより具体的な形で実際の授業研究につなげていくことが大切である。そのことを誰もが自分のパソコンで確認できるよう

にし、授業に活用できるようなシステムの構築も進めていく。

（取組２）授業改善の内容把握と活用

　研究授業は推進委員会での方向性を受け、各分科会での協議や授業者の意向を受けながら、授業案の検討を行い、事前の授業の中での課題把握や他単元での実践を集め、交流することで充実を目指していく。そのことが、❸授業の改善が進み、現在の教育課題や学習指導要領の目指す教育の実現に結び付けることになり、個々の教員の資質向上につながると考えている。そのために、改善ができた授業の概要を簡単にまとめる様式を用意し、それを研修担当がまとめ資料化することで、個の情報とするのではなく、全体の共有財産としていくことができる。その進行管理をすることが担当としての大切な職務であり、ただ単にまとめるだけでなく、そのことがどう有効活用されたかまで把握することで教員の資質向上に結び付けていく。

【中学校・高等学校・特別支援学校受験者へのアドバイス及び対応】

❶中学校・高等学校の場合は、教科担任制のため研究の内容が教科になることがまれであり、生活指導、特別活動やキャリア教育などの〇〇教育になることが多いと思います。教科でないために、直接授業の改善に結び付く機会が限られており、小学校ほど授業中心の研究になっていないことがあります。

❷研究組織は学年を中心とした形が多く、推進委員会と各学年との連携・調整や方向性の共通理解、研究実践の確認など、常に進捗状況の把握や組織内での伝達方法などの進行管理が大切となります。

❸校種が違うと、学習指導要領も当然違うため、全体的な教育課題の方向性は同じでも、教科での考え方や進め方では教員の主体性が求められます。学校全体の取組としていくためにも、運営の大切さが問われてきます。

💡 解説

　研究と修養（研修）は、教育公務員特例法に示されているから行うものではなく、日々の教育活動の改善のために行うものです。その根幹をなす授業の研究実践を行うことは、教員の重要な責務でもあります。

　現在、様々な教育課題の解決が求められているなかで、教育活動に関する研究推進は欠くことのできないことです。特に、新型コロナウイルス感染症に対応した授業やICTを活用した授業の在り方など、組織として研究推進することは喫緊の課題であり、そのためにも組織を生かしつつ、計画的な運営を行う必要があり、その管理を担うことは重要な使命となっています。　　　　　　（山田修司）

予想問題①　令和5年度

予想問題②　令和5年度

実施問題　令和4年度

実施問題　令和3年度

実施問題　令和2年度

実施問題　平成31年度

実施問題　平成30年度

特別活動担当

（1）担当職務における課題

　これまで特別活動の児童会活動を担当した経験があり、現任校に異動して２年目に特別活動全体を担当する主任となった。これまでの主任から指導内容や学校行事に関する課題を引き継ぎながらも、新しい方向性も考慮しつつ職務の改善に取り組んでいる。学習指導要領でさらに授業時数が増加したなかで、特別活動の時間や学校行事の見直しを組織的に行う必要がある。

（課題１）学校行事の見直しと他の教育活動の関連の明確化

　❶新学習指導要領では、英語の時間が増えるなど、これまで以上に授業時数が増加した。そのなかで調整の対象となりやすいのが学校行事であり、特に新型コロナウイルス感染症における様々な対応をきっかけとして、行事内容の変更や新しい形での実施など、大きな影響があった。学校行事と他の教育活動との関連性のなかで、特別活動の位置づけを再考していく必要がある。

（課題２）児童の主体性を育成する自発的・自治的活動の充実

　児童が自ら積極的に取り組んでいく❷児童会活動やクラブ活動は、人間関係形成、個性の伸長、集団の一員としてよりよい学校生活づくりへの参画などから問題を解決しようとする自主的・自発的な態度を育てることを目的とする。そのためにも、主任が計画性をもって特別活動部の組織を活性化することが重要であり、常に実施状況を把握しながら児童の様子にも注視する必要がある。

（2）課題解決のための取組

（1）新型コロナウイルスの感染拡大のために、学校行事の中止や実施内容の見直しを迫られた。このことにどのように対応し、新しい形で行事を考えていくかは大きな課題となり、現状でも確かな答えは出ていない。きっかけは別にしても、学校行事そのものを見直す機会となり、計画的に進めていくことが主任としての大きな責務となった。学校行事は特別活動部だけでなく、教科に関連した行事は教科担当の主任が、宿泊行事などは学年主任が中心となって担っている。それらを取りまとめ、全体像を明確にしながら関連性を明らかにしていくことが求められている。特別活動部で検討し、他の領域主任と調整した資料を一覧にまとめて閲覧できるようにし、学校全体での話し合いの場に提案し、共通理解を求めながら新しい方向性を確立していく。そこでは個々の教員が、教科等と特別活動の関連を意識した学習指導を展開していくことも可能であり、教員が見える形での成果を上げていくことが主任としての使命である。

(2) ❸児童会活動は、選ばれた児童が中心となって運営していくが、指導内容の特質に応じて、教員の適切な指導のもとに、児童の自発的・自治的な活動が効果的に展開されるようにすることが求められている。主任としては各担当者が同じ方向性で指導していくためにも、全体の方向性を考えたり各活動の指導状況も把握したりしていく必要がある。現在の課題を共有するためにも、校内ＬＡＮのフォルダで児童の活動の様子や取組状況を記録し、それをもとにした特別活動部としての話し合いを定期的に行うことで、実効性のある教育活動としていく。そのためにも主任は、課題を分析し、目指す方向性を提示する必要があり、その進行を管理していく大切な役割を担っている。ただ、個々の教員との連携の中で、育成という視点を取り入れることが、児童の成長にもつながっていくことになる。特別活動は教員と児童が成就感を共有できる教育活動でもあり、双方が満足できる活動にしていくことが大切である。

───────────────────────────────

【中学校・高等学校・特別支援学校受験者へのアドバイス及び対応】
❶授業時数の増加については、中学校・高等学校ともに異なっているので、それぞれの学習指導要領を確認しておく必要があります。
❷中学校や高等学校では生徒会活動であり、より生徒に任された活動になり、担当の教員の関わり方も小学校の場合とは違ってきます。クラブ活動は部活動となり、自主的・自発的な参加により行われ、学校教育の一環として、教育課程との関連が図られるよう留意することが示されています。また、部活動の在り方や指導者については大きな課題となっており、スポーツ庁・文化庁が令和4年12月にガイドラインを発表し、外部指導や地域への移行について方向性を示しています。
❸生徒会役員などは選挙などの方法も取り入れることが多く、中学校・高等学校では生徒に任されていることも多くなり、運営自体も生徒の主体的な活動が大切にされています。

💡 解説

　特別活動は校種によって児童・生徒との関わり方が違ってくるため、主任としての役割も異なります。中学校・高等学校では学年単位での取組も多く、調整役に徹することもあります。逆に、小学校では年齢差があるため発達段階に応じた内容を考えておくことが求められます。教科指導とは違った児童・生徒の姿を見ることができ、可能性を伸ばし、主体的な活動のなかで輝きを見せる場面に遭遇することに喜びを感じることもあります。　　　　　　　　　（山田修司）

予想問題① 令和5年度

予想問題② 令和5年度

実施問題 令和4年度

実施問題 令和3年度

実施問題 令和2年度

実施問題 平成31年度

実施問題 平成30年度

教科担当（国語科）

（1）担当職務における課題

　現任校に異動して３年目、昨年からは❶国語の教科主任として職務に取り組んでいる。現在は学習指導要領に示された主体的・対話的で深い学びを国語科でどのように実践していくか、また、各教員が国語の学習指導で課題としていることに対して、助言や支援ができる体制づくりを目指している。そのなかで授業の充実と支援体制の２点を課題として取り組んでいる。

（課題１）主体的・対話的で深い学びを実現する授業の推進

　学習指導要領で目指す主体的・対話的で深い学びが、実際の授業場面でどのように実施されているか、状況を把握する。課題や支援内容を教科の主任として情報提供するなかで、習得・活用・探究のバランスを工夫した授業提案も行っていく。教員は常に授業に対する改善の姿勢で臨むことが求められている。

（課題２）指導内容・方法の工夫、改善のための体制づくり

　国語の具体的指導内容や方法については、先行研究がたくさん存在しているが、日々の授業に活用するためには、ある程度の時間が必要となる。そのことを補うためにも、資料化したものを各担任がいつでも校内ＬＡＮ内で閲覧し、双方向の質問も可能な体制づくりが求められている。主任として、長期休業などの時間を活用して教材を研究し、分かりやすい資料を作成していく。

（2）課題解決のための取組

（解決策１）参観を中心とした授業の改善

　学習指導要領では、「生きる力」を子供たちに育むため、「何のために学ぶのか」という学習の意義を共有しながら、授業への創意工夫が求められている。その取組を進めるためには実際の授業を見ながら、助言や指導を行うことが一番効果的である。しかしそのような時間設定を行うには困難もある。そこで、主任として空き時間等を活用して、学期に１回は❷学級担任の授業を参観できる体制をつくる。ただ、半数は動画撮影をしたもので代用することで機会を確保する。実際の授業場面をもとに、主体的な学び以外にも、中央教育審議会答申「『令和の日本型学校教育』の構築を目指して」に示された個別最適な学びや協働的な学びの視点からも授業分析していく。また、私の行う国語の実践研究を公開し、学校全体の授業を変えていくために役立てていけるようにする。教員の変容にも視点を置き、成長のための最大限の支援を行っていく。

（解決策２）授業改善を支援する資料提供の体制

　学校組織は所属職員が毎年変わり、学年を構成する教員も変わる。そのため年度の初めには新しく異動してきた教員とともに、学年が変わった教員を対象に、国語の指導内容・方法、授業の改善に関する資料などの理解を推進する機会を設けている。充実した国語の授業のためにも、主任と学年との話し合いの機会を大切にし、情報交換まで踏み込んだ形で実施し、教員別の課題把握の資料を作成するなど、指導が直接児童の成長につながり、そのことを教員が共有できるような形を作っていく。これまで蓄積されてきた国語の授業に関する教材や資料、児童に提示するワークシートなどがすぐに取り出せるように単元別に整理し、校内LANに収納する。授業実施後、振り返りを記入してもらい、そのことに答えることで、個々の教員の授業力の向上を目指していく。

【中学校・高等学校・特別支援学校受験者へのアドバイス及び対応】
❶中学校・高等学校では、主任として同じ教科内の教員に働きかけることはありますが、小学校のように学級担任と教科指導について話し合ったりすることは少ないでしょう。
❷教科主任が学級担任の授業を参観することは小学校ではありますが、教科担任制の中学校・高等学校では少ないでしょう。その代わりに、教科主任の役割としてより教科の特性に特化した授業の改善・充実が求められています。

💡 解説

　小学校とその他の校種での教科主任の職務や実際の働きについては違いがあり、そのことを踏まえた内容として記述する必要があります。中学校では各教科の教員同士の連絡・調整も行われています。また、持時数の調整のため非常勤講師が配置されることも多く、授業時間以外での拘束が厳しいため、十分な情報交換の時間の確保が課題となっています。教科の教員組織は小規模ですが他教科との連携や教科に関する学校行事などについても担当することがあり、担当教員と意思疎通を図りながら、取り組んでいくことが重要です。　　　　　（山田修司）

予想問題①　令和5年度
予想問題②　令和5年度
実施問題　令和4年度
実施問題　令和3年度
実施問題　令和2年度
実施問題　平成31年度
実施問題　平成30年度

教科担当（体育科）

（１）担当職務の課題

　体育部では、各学年での体育授業への支援や指導計画の作成、提示のほかに、運動会、夏季水泳指導の計画・実施、体育用具の整備・準備、養護教諭と連携しての健康教育の実施などを担っている。私は現在、❶体育担当の主任として、所属する教員の職務分担を明確にし、その全体的な進行の管理を行っている。体育部の所属教員は若手教員が多く、経験を積むなかで成長を目指していくことが大きな課題となっている。

（課題１）若手教員育成のための組織の活性化

　❷経験年数の少ない教員の割合が高くなっているのは、どの学校においても課題となっている。現実をしっかり受け止め、職務分担に取り組むなかで、ＰＤＣＡサイクルを活用した育成を進める必要がある。そのためにも、育成の状況を把握し、組織として明確な理念をもって、計画的に組織の活性化を目指していくことが求められる。主任としての役割はとても重要である。

（課題２）体育授業の充実のための方策

　❸体育には教科書がないため、教員自身が経験した体育授業をもとに指導していることが多い。体育好きの児童が多いと、自身の指導内容や方法の不十分さに気付くことができず、改善されることがない。学習指導要領の内容を計画的に指導していくためにも、主任としてできることは、指導内容・方法を整理し、授業に生かしていける体制を構築することである。

（２）課題解決のための取組

（取組１）主任として、若手教員育成のための支援や助言を積極的に行う機会をもっていくことが大切であり、その資料となる指導案や指導の工夫、指導内容などを整理し、校内ＬＡＮでの閲覧と質問受付などで対応していく。また一つ一つの取組を計画、実施、振り返り、改善のＰＤＣＡを取り入れていくことで明確にし、その中で何をどのように支援していくかを考えていく。このような自分の意思を生かした計画実施が成果や自信につながり、組織の力になっていくと考えている。具体的場面での指導ができるのも体育関係の組織ならではの利点である。また体育では学校行事の実施においても、昨年の計画を見直し、改善するところから始め、共通の理念に基づいた内容にしていく。個々の教員のカルテを作成することでも、個別の課題が明確になり、双方向で課題解決に向けた取組ができる。体育指導の力量を高めることは児童の生涯スポーツの基

礎を作っていくことにつながると考える。

（取組２）若手教員は児童と関わっていく力が十分になく、教室などの落ち着いた環境ではうまくできる指導も、体育館や校庭などの自由な空間では、うまくできないことも多い。そのためにも、自由に使える各学年、領域の指導案や学習カード、授業に必要な体育用具の紹介などの情報を校内ＬＡＮに入れておき、自由に使用できるようにしておく。また、それだけでは授業の改善につながらないことから、授業を実際に参観しての助言や主任の授業を見る機会などを計画的に示すことで、より進んだ体育の授業改善を目指していく。個々の教員の状況は違ってくるため、個別のカルテを作成し、記録することできめ細かい対応を可能とする。さらに、直接的に指導する場面だけでなく、授業を撮影し、それを見ることで具体的指導につなげるなど、機器を有効に活用していくことで児童の生涯スポーツの基礎を培っていく。

【中学校・高等学校・特別支援学校受験者へのアドバイス及び対応】
❶学校全体の体育関係の職務を担当するのは、中学校・高等学校では保健体育科の教員です。体育関係の学校行事は主な職務として進めることになりますが、保健体育の指導について、他教科の教員に関わることはありません。
❷小学校では異動を経験していない教員が半数在籍することが珍しくなくなっており、体育の指導にも苦慮していますが、中学校・高等学校は体育の担当は教科について精通している教員が行うことになります。
❸中学校・高等学校は教科担任制のため、教科外の教員が保健体育科を指導することはなく、個々の教員に対しての助言や支援の必要ありません。ただ、複数の保健体育担当教員がいる場合は、主任として指導していく課題はあります。

💡 解説

　中学校・高等学校では、保健体育科の担当が校内の部活動や体育関係の対外的な役割を担っていることが多く、その中での課題解決が求められることがあります。また、部活動との関係からも、生活指導的な課題への取組を任されることも多くあります。体育の授業でも技能中心ではなく、思考、判断、表現を大切にした指導を行っています。そのことを学級担任が自覚して、主体的で対話的な学習を保障するためにも、教員の体育指導の力量を高めていくことが求められます。過去の経験をもとにした教員の主導的な指導は、体育嫌いの児童・生徒を生む結果にもつながりかねません。

（山田修司）

予想問題① 令和5年度
予想問題② 令和5年度
実施問題 令和4年度
実施問題 令和3年度
実施問題 令和2年度
実施問題 平成31年度
実施問題 平成30年度

学年経営担当

（1）担当職務の課題

　現在、第4学年の学年主任を担当している。学年主任としては、学校経営方針の具現化に向けて学年経営方針を策定し、学年全体を見通した学年運営を行っていくことが重要であると考えている。さらに学年全体で取り組んでいる課題の取組状況を把握しながら、達成目標に向かってどのように推移しているかを判断し、適切な進行になるよう助言や支援を行っていく必要がある。

　そのためにも、学年共通の指導や理解をもって教育実践を進めていくことが大切であり、以下の2点を課題として取り組んでいく。

（課題1）学年経営方針の推進状況の把握と進行管理

　学年組織は学級担任で構成されており、個々の教員の力量に頼る部分はあるが、学年組織としての全体的な成果を目指していかなければいけない。そのためにも❶学年経営方針に沿った教育活動を行う必要がある。しかし、現状は個々の教員の判断で学級の状況に応じた経営がなされており、学年全体の統一性を保つためにも主任として状況の把握とその管理を行っていくことが重要である。

（課題2）教員の指導力向上のための助言・支援

　現在、主任をしている学年は、私以外は教員経験1校目の若手教員であり、教員育成においては基礎形成期に当たっている。日々の学習指導や児童との関わりにも不安や悩みを抱えており、日常的に個々の支援や助言を行っている。適切な指導となるためにも、どのような指導をいつ行うのかを結果とともに記録し、次につなげて積み重ねていくことで組織を活性化させることが求められている。

（2）課題解決に向けた取組

（取組1）学年としての共通の指導や理解を求めるためには、❷学年会などの教員同士のコミュニケーションを図る場が必要となるほか、そこでの内容も単なる報告や教科の進捗状況の把握だけでなく、学年経営の方針で目指している内容を、どのように具体的な教育活動に結び付けているかを十分確認しておく必要がある。そのためには学年所属の教員が一定期間の振り返りを行い、具体的な助言や支援を学年主任として行っていく。どのような課題にどう助言し結果はどうなったかについて、要点をまとめるなどの管理が主任として求められている。そのためにも職員室での学年ごとの机の配置を生かし、一日の中で朝・昼・夕と短時間でも、学年の教員が集まり話のできる環境づくりに努めていき、学

年経営方針の推進につなげていくようにしていく。

（取組２）若手教員の指導力向上には、個々の状況の把握と課題解決のための方策の検討が大切になってくる。教員の不安や悩みに対しても、具体的な対応策を一緒に考えていく。学級の状況を一番把握しているのは学級担任であることから、対応策を伝える前に必ず自分の考えを述べてもらい、そのことに対して助言を行う。その繰り返しにより、指導力は向上すると考える。また、_❸専科等の授業で空いた時間を活用し、授業を参観させたり、参観したりして具体的な場面での指導を行っていく。週に１時間設定し、年間では40時間程度の時間を確保する。ＰＤＣＡのサイクルを意識しながら進めることでよりよい効果が得られ、教員の指導力向上につながる。常に学年所属の教員の成長を見守ることが主任の責務である。

【中学校・高等学校・特別支援学校受験者へのアドバイス及び対応】

❶中学校・高等学校などの場合は、学校行事や生活指導面での共通理解は十分に行われますが、学習指導については、教科担任制のため教科の内容についてまで深く理解を求めることは多くはありません。学期ごとの評価や内申については、学年で時間をかけて共通理解、検討する場が設けられています。

❷中学校・高等学校では、小学校以上に学年組織は重要です。学校行事や集会、評価の調整、生活指導などは学年が中心となって進めており、学年主任も教務や生活指導の主任と同じ重要な職務とされています。

❸小学校に比べ、中学校や高等学校では教員の持時数が少ないため、空いた時間の活用はしやすいと思います。計画的に時間を調整して有効に使うことができます。

💡 **解説**

　校務別に担当職務を分担していくことが多いのですが、学年という組織は全ての要素の集約であり、学校運営の中核を担っています。特に新型コロナ禍での学年経営には、柔軟な対応が求められています。また、学習指導や生活指導等においても、学年としての考えや判断をすることが多くあり、その調整役・推進役としての役割は重要です。そのためにも、明確な学年経営の方針を立て、その推進状況を把握しながら、目標達成を目指していくことが主任には求められています。

(山田修司)

予想問題①　令和5年度

予想問題②　令和5年度

実施問題　令和4年度

実施問題　令和3年度

実施問題　令和2年度

実施問題　平成31年度

実施問題　平成30年度

特別支援教育担当

（1）担当職務における課題

　知的障害特別支援学級の担任をし、学校全体の特別支援教育を担当している。特別支援教育については、担当になり詳しく理解するようになった。通常の学級や特別支援教室との連携も含め、特別支援教育コーディネーターや特別支援学級担任等を中心として、インクルーシブ教育に基づいた教育課程の実施状況の把握や学校全体の理解推進に加え、交流及び共同学習や支援の必要な児童の情報共有の体制づくりを課題としている。

（課題1）特別支援教育の理解推進の体制づくり

　特別支援教育に関しては、インクルーシブ教育の考えに基づいた教育課程の実施が求められており、今以上に特別支援学級と通常の学級との連携において、交流及び共同学習を充実させていく必要がある。❶特別支援教育担当者を中心として、学校全体での理解推進と具体的活動の機会を考えていくことが必要となってくる。さらに、個々の事例に関するケーススタディや連携・調整のための体制等、考えていかなければならない。

（課題2）特別支援教育の学校全体での充実

　学校の体制としては主担当である特別支援教育担当に委ねてしまう傾向があるが、特別な支援を必要とする児童は通常の学級にも在籍し、❷特別支援教室などでの指導も並行して行われている。個々の児童の学級での実態や教育支援計画などの情報を共有し、立場に応じた指導を連携しながら進めていくための体制づくりが必要となる。

（2）課題解決のために

（解決策1）学校の職員構成は毎年変わることから、特に特別支援教育に関する理解については共通の認識をもてるような組織づくりが必要となってくる。❸特別支援学級の交流及び共同学習の推進は学習指導要領にも述べられている通り、大切な内容で在籍児童にとっても有効な学習活動となってくる。

　特別支援教育は、通常の学級との双方向で行われるものである。私は主任教諭として、各教員への情報提供や児童への指導や対応等、特別支援教育の理解推進体制構築の進行管理に努める。各児童の通常の学級での活動の様子を、校内LANの記録のフォルダを活用して把握し、それをもとに改善点や次の活動の考え方を共通理解していく。指導内容が対象児童にとって効果的であり、特別支援学級での指導にも有効に働くようにしていく。そのことが特別支援教育

の理解推進につながり、教員個々の力が発揮できる体制につながっていく。

（解決策2）特別支援教育の指導計画の作成は学校の中でも進められており、自分の担当する部分については十分な検討をしながら指導にあたっているが、他の担当との連絡・調整については十分とは言い切れない。定期的な特別支援教育コーディネーターを中心とした会議だけでは、日々の指導の変容等を的確に関わる教員等と共有することができない。しかし、指導計画が予定通り進んでいるか、課題は発生していないかを直接協議する機会は設定しにくい。そこで、校内のセキュリティのしっかりしたパソコンに指導の状況を記録し、それを担当者が閲覧し、助言や支援を返信する体制をとることで進行管理をしていく。内容によっては直接的に該当の教員と担当者が短時間に話し合うことで、さらに有効な指導計画の実施に結び付いていくと考える。

―――――――――――――――――――――――――――――――――

【中学校・高等学校・特別支援学校受験者へのアドバイス及び対応】
❶学校によっては、特別支援学級が設置されていないこともあります。特別支援教室は小学校・中学校にはほぼ全校に設置されており、特別支援教育担当者は専門の教員が当たっていることが多いです。
❷特別支援教室は小学校・中学校においてはほぼ全校に設置され、専門的な指導が行われています。高等学校や特別支援学校では、現在そのような教室は設置されていません。
❸小学校・中学校では、通常の学級に特別な支援を必要とする児童・生徒の座席を積極的に置いて給食や学級活動で交流を行うとともに、図工や体育、音楽などで共同学習を行うことが多くあります。高等学校でも発達に配慮を要する生徒が在籍し、ある程度の対応はされていますが、個々の学校で事情が違ってきます。

💡 解説

　特別支援教育の課題は、学校によっても、校種によっても様々であり、特別支援学級の設置校か否かによっても違いが出てきます。発達障害を対象として特別支援教室の設置や人員配置も行われ、ある程度の体制整備は進んでいますが、担当教員の専門性や派遣教員との連携等、解決すべき課題は多くあります。体制ができても、それをどのように有効に機能させていくかが大切となってきます。そのためには、その組織を構成する教員が運営や調整といったことへの関わりをどうしていくかを考えておく必要があり、学校全体としての体制づくりが求められています。　　　　　　　　　　　　　　　　　　　　　　　　（山田修司）

養護教諭

（1）担当職務における課題

　養護教諭にとって、新型コロナウイルス感染症の拡大が、緊急の大きな課題となってきた3年間であった。通常の職務を行いながら、❶児童の健康状況や欠席者への対応、外部の保健所、教育委員会との連絡・調整など、これまで経験のないなかで進めることも多くあった。もともと一人職種である養護教諭の課題として、組織の中でどのように役割を果たし、関わっていくのかが挙げられる。コロナ禍により、現状を正確に把握し、学級担任への適切な情報提供など、職務の進行管理が大きな課題になったと言える。

（課題1）児童の健康管理体制の見直し

　感染症対策を優先させるために、これまでの学校での健康管理に関する体制や実施内容、方法の見直しを迫られた。定期的に行っている身体測定や校医による健康診断、けがや病気の児童への対応、家庭との連絡などをこれまでの体制ではなく、感染症への対応を行いながら、優先順位と進捗状況を考慮し計画的に実施することが求められている。

（課題2）外部機関との連携及び学校の対応の明確化

　感染症対応においては、外部組織と連携しながら対応に当たることが求められており、その体制を整え、機能するようにしなければならなかった。校内組織も新たに見直し、できるだけ❷校内LANを活用する体制を作ったが、細かい内容については、直接のやり取りが必要となり難しさもあった。養護教諭の担当内容が拡大するなか、他の分掌との連携の調整も必要となった。

（2）課題解決に向けた取組

（解決策1）感染症対策の推移を見極めた体制づくり

　学校の一斉休校以来、❸各自治体の感染症対策の推移に注目しながら、学校内の体制を考えることが求められ、その都度最適な形での運営になるよう工夫を重ねてきた。養護教諭は一人での仕事ではあるが、健康管理などの保健室に関する校務分掌は3名で進めている。一番に優先したのは、児童の健康状況の把握と家庭との連絡であり、学級担任を中心として状況把握に努め、その内容を学校全体でも統計的に把握できるよう校内LANの中で閲覧するようにした。それをもとに管理職や主幹教諭等と連携を図りながら、今できることを決め、教員とともに対応に当たってきた。ただ途中での振り返りも必要であり、現状に固執せず、次の策を考えていくことに力を注いだ。

（解決策2）責任体制を明確にした対応策の構築

　新型コロナウイルス感染症への対応の責任者は管理職である校長、副校長であるが、常に判断を求めることも難しいことから、担当ごとの責任者を決めておく必要がある。そのためには、状況を正確に把握し、ある程度の意見調整をする体制のもと判断していくことが求められる。さらに、具体的対応策を考える時には多様な意見を排除せず、多くの可能性を考慮して、現時点での最善だと思われる方向性を決めていく。また、事態が刻々と変化していくなかでは、一度決めたことでも固執せず、変更することに躊躇しない姿勢も大切となってくる。学校としてのしっかりとした対応策をもって、外部機関との連携を進めていくことが求められる。窓口を一本化し、情報のやり取りは教職員が校内LANにある書類で把握できる体制をつくり、小さなことでも共有していくことで柔軟な対応ができ、保護者等の安心につながっていくと考えている。

【中学校・高等学校・特別支援学校受験者へのアドバイス及び対応】
❶中学校は小学校と同様の対応が想定されますが、高等学校では通学状況も学校によって違いがあり、どのような体制になるのかは個々に考えていく必要があります。
❷校内のインターネット環境は、GIGAスクール構想によってある程度進んでいます。小学校・中学校は公費により自治体が整備しましたが、高等学校は独自に整備することから学校による違いも見られます。
❸対策は都道府県レベルでの対応と区市町村レベルでの対応とで違い、また自治体によっても独自の取組をしています。基本的には学校の設置者である自治体の内容を確認しながら、各学校での具体策を考えていく必要があります。

💡 解説

　新型コロナウイルス感染症への対応は、養護教諭にとっても経験したことのないものでした。ただ、児童の健康管理のエキスパートであり、その専門性を生かすためにも、養護教諭が中心となって、取り組んでいくことが求められます。
　学校全体の健康管理の内容や進め方については、それぞれの担当が機能を発揮しながら取り組むことで、より効果的になっていきます。校種によって事情が異なるので、そのことを踏まえながら対応策を考えていくことも必要となってきます。今回のことでは養護教諭が果たしていけることの可能性は大きく、重要性もさらに増しています。　　　　　　　　　　　　　　　　　　　　（山田修司）

予想問題①　令和5年度

予想問題②　令和5年度

実施問題　令和4年度

実施問題　令和3年度

実施問題　令和2年度

実施問題　平成31年度

実施問題　平成30年度

栄養教諭

（1）課題

栄養士から栄養教諭となって8年たち、食育も担当している。学校全体の計画推進に携わっており、食育を担当している教諭とともに、❶学校給食における食育の在り方、また、通常の授業を通してどのように取り組んでいくかを考えている。その中では、計画の推進状況の把握と組織の活性化、また各学級等での具体的指導内容の確立の2点が課題となっている。

（課題1）食育指導計画の推進と組織の活性化

日々の給食の時間は、食育を推進する上では具体的な場として重要であるとともに、児童にとっても単に昼食の時間というだけでなく、食を通しての貴重な学びの機会である。各学年、学級での指導の状況を把握し、全体的な推進状況を見ながら、担当教員と協力しながら進めていくことが求められている。

（課題2）授業の中での具体的な食育指導計画の確立

給食の時間以外に、❷各学年の授業の中でも食育の推進を行っていく必要がある。年間の指導計画の作成のためには理科、体育（保健領域）、家庭科や生活科、総合的な学習の時間の中で食と関わる学習内容を検討し実践するなかで、各学級での進捗状況を把握しながら全体的な計画を管理していく必要がある。

（2）課題解決のための取組

（解決策1）給食の時間には、❸栄養教諭がランチルームで、教員とティームティーチングで行う指導があり、合わせて校内放送や配布文書等での指導も行っている。そのためにも、各学年、学級における年間の指導計画の作成が重要である。指導内容は、栄養教諭が一定の内容を作りながら、各教員の意見を取り入れ、協力しながら作り上げている。各学年が指導を行う年間の時期、内容について吟味し、毎月作成する給食の献立等とどのように関係し、教材としての役割を果たしているのかを分かりやすくまとめ、各教員がそれをもとに限られた時間ではあるが、給食の時間に指導できる体制を整えていく。さらに大切になってくるのは、各学年、学級での指導の状況を把握し、進捗状況を把握することである。日々の指導に柔軟に対応するため、校内LANを活用して栄養教諭との連絡体制を確立する。そこでの協議内容を教員に戻していけるような体制をつくっていくことで、食育の指導内容や児童の食に対する意識を高めていくことを目指していく。

（解決策2）各教科の指導内容との関連を考えながら、食育を推進していくこ

とが大切である。計画の作成に当たっては、指導の時間数や指導の内容を検討し、単独で指導を行うのか、各教科の中で行うのかについて分かりやすい形で示していく必要がある。また、指導形態についても、学級担任が行う場合、学年全体が集会形式で行う場合、栄養教諭とのティームティーチングを導入する形など、内容や対象に応じて決めていくことが求められる。さらに家庭との連携も視野に入れた活動にしていくことも重要である。これらの実践の充実のためにも、記録を保存して各教員が閲覧し、授業に活用することで、さらなる充実を目指していくことができる。特にGIGAスクール構想が充実し、校内だけでなく、各家庭とのインターネットでのつながりを活用することもできる。計画的に食育を進めることが、食品ロスやSDGsといった課題への発展的な取組につながると考えている。

【中学校・高等学校・特別支援学校受験者へのアドバイス及び対応】
❶中学校ではほぼ完全給食を実施していますが、栄養教諭の配置は限定的であり今後の増員状況を確認していく必要があります。ただ、非常勤を含め、栄養士の配置は進んでいます。高等学校について、給食が実施されていないため、食育は困難が多いようです。特別支援学校では、障害種別や日頃の実施状況が学校によって違うため、学校個々に任されることが多くあります。
❷中学校・高等学校は教科担任制のため、各教科の指導内容に関連して実施するよりも、総合的な学習の時間や学校行事等に組み込んでいく方が、円滑な実施につながっていきます。
❸栄養教諭の配置のない学校では栄養士が代わって実施することになります。その場合、食育担当の主任と協力して指導にも関わっていく必要があります。また、栄養教諭は教職なので単独での授業も可能です。

💡 解説

　教科指導と違い、食育に関する取組の推進状況は、学校によって違いがあります。栄養教諭の配置状況、栄養士がいても非常勤で勤務時間が限られているなど、様々な条件の中での推進となっています。また、食育だけでなく完食を求めない、嫌いなものは無理に食べさせないなど、食の理解を進める上で難しい実態もあります。食品ロス、食料自給率などについて、学校においても考える機会をもち、学校の特色を生かした形で、推進しやすい環境づくりが重要となります。教員の意識づけも大切です。

(山田修司)

予想問題① 令和5年度
予想問題② 令和5年度
実施問題 令和4年度
実施問題 令和3年度
実施問題 令和2年度
実施問題 平成31年度
実施問題 平成30年度

令和 3 年度
実 施 問 題

　次の問題について、合計43行（1,505字）以内で述べなさい。
ただし、35行（1,225字）を超えること。

　主任教諭、主任養護教諭及び主任栄養教諭には、主任教諭
としての役割を自覚し、学校運営においてより積極的な課題
解決を図ることが求められています。

（1）このことについて、あなたの担当する職務において、特
　　に学校運営の改善を図る上で課題となることは何か、2点
　　挙げて、その理由を述べなさい。
（2）（1）で述べた課題を解決するために、あなたは主任教諭、
　　主任養護教諭又は主任栄養教諭としてどのように取り組む
　　か、あなたの実践・経験に触れながら具体的に述べなさい。

▶出題の背景

　言うまでもなく学校教育は、教育目標の達成に向け、全教職員の力を結集して進められる意図的・計画的な営みであり、それが学校運営です。学校運営を円滑に進め、最大の成果をあげるために組織が必要であり、教職員は組織の一員としての働きが求められます。しかし個人主義的な意識が強く、組織的な教育活動を避ける傾向のある教員も少なくありません。教育課題が山積し、学校に対する地域や保護者の要望も多様化している現在、そうした考えでは学校教育は成り立ちません。どのような組織をつくり、それをどう機能させて学校としての力を高めていくかということは、学校運営を進める上での重要な課題となっています。

　学校運営の改善を図り、教育活動を効果的に進めるためには、全教職員が達成を目指す目標を共有すること、学校運営組織内の役割分担を明確にすること、全教職員が組織の一員として学校運営上の責任を果たすという強い意識と能力をもっていることなどが重要です。主任教諭（主任養護教諭、主任栄養教諭）は、そうした組織の中核となって、学校運営の改善に努めていく必要があります。

▶出題のねらい

　主任教諭（主任養護教諭、主任栄養教諭）の役割の第一に「校務分掌などにおける学校運営上の重要な役割」が示されていますが、これは、担当する職務の中心となって学校運営に関わっていくことです。したがって主任教諭として学校運営の課題を明確にし、その改善を図っていくことが重要です。

　設問（1）は、学校運営の改善を図る上での課題を2点挙げることです。主任教諭として学校運営の改善を図るためには、担当する職務を遂行する上での課題を明らかにしなければなりません。

　設問（2）は、（1）で挙げた課題を解決するために、どのように取り組んでいくかということです。単なる抽象論を述べるのではなく、自らの実践や経験に基づいた具体的な取組を述べる必要があります。

（佐藤正志）

予想問題①　令和5年度

予想問題②　令和5年度

実施問題　令和4年度

実施問題　令和3年度

実施問題　令和2年度

実施問題　平成31年度

実施問題　平成30年度

教務担当

　令和2年度から全面実施されている学習指導要領では、社会に開かれた教育課程を編成し、これからの社会で求められる三つの資質・能力を確実に育成していくことを求めている。特に、本校では「主体的・対話的で深い学び」を実現するという考えに立って日々の授業を改善し、子供の資質・能力を育成することを校長が学校経営方針で強調している。それを研究・研修部だけでなく、あらゆる場や組織で検討していくことが指示されている。私が所属する教務部では、「主体的・対話的で深い学び」を実現するという視点で、指導計画を全面的に見直すことになった。教務主任からは、教務部の一員としてその推進とまとめをするよう指示された。

（1）指導計画を見直していくための二つの課題
①授業改善の意味や意義、その重要性が浸透していない
　指導計画の見直しは、一部の教職員が行うのでは意味がない。学習指導要領で求められているこれからの授業に改善していくために、全教職員で取り組んでいくことが重要である。しかし、若い教員が多い本校においては、授業改善の意味や意義、その重要性は十分に浸透しているとは言い難い。そうした教員に、授業改善の意味や意義を理解させていくことが課題である。
②これまでの指導計画で構わないという考え方が存在する
　指導計画の見直しを行う前提となることは、学習指導要領が示す三つの資質・能力を育成するために、「主体的・対話的で深い学び」の考え方に立った授業改善を図ることである。そのことを全教職員で共通理解する必要があるが、それを理解しようとせず、これまでの知識・理解を身に付けさせる授業でよいという考え方が存在していることが大きな課題となっている。

（2）指導計画の見直しを担当する主任教諭としての取組
①指導計画を見直すことの意味や意義の理解
　指導計画を見直すことの意味や意義を理解していない教員には、「主体的・対話的で深い学び」に関する情報を提供する必要がある。私は、指導計画の見直しに関する基本的な考え方を整理し、「主体的・対話的で深い学びの実現」という印刷物にまとめ、全教職員に配布して指導計画見直しの重要性についての共通理解を図った。また、若手教員が自主的に集まっている「若手教員研修会」で、説明する機会を作っていただいた。理解してくれた教員もいるが、中にはよく分からないという教員もいないではなかった。今後は、個別に話し、指導

することを通して指導計画のもつ意味や意義の理解を浸透させていく。

②学習指導要領の趣旨に基づく授業観の変容

　授業に対する考え方が固定化している教員には、授業観を変えてもらうことが不可欠である。先の「主体的・対話的で深い学びの実現」でも、新しい考え方に立った授業改善と評価について伝えたつもりであった。しかし、長い経験に基づくベテラン教員にはなかなか理解してもらえなかった。そこで、学習指導要領の考え方に基づく授業の先進的な事例を全教職員に配布した。また、教務主任を講師として、授業だけでなく広い視点から学習指導要領の趣旨に関する研修会を開催した。今後は、外部の講師を招聘して授業改善に関する研修会の開催を教務主任に提言する予定である。

　「学習指導要領の具現化は授業改善から」という信念のもと、管理職や教務主任の指導を受け、指導計画の見直しを通して授業改善に全力で取り組む。

【中学校・高等学校・特別支援学校受験者へのアドバイス及び対応】
　本解答例は、全教科を担当する小学校の事例をもとに作成してあります。「主体的・対話的で深い学びの実現」という考え方は全ての校種に共通しますが、教科担任制をとる中学校や高等学校では、各教科の特性を指導計画にどう反映させるのかなどが大きな課題になると考えられます。また、特に、個に応じた指導が重視される特別支援学校では、児童・生徒理解に基づく授業という考え方が重視されます。
　しかし、解答例で挙げた「指導計画を見直すことの意味や意義の理解」や「学習指導要領の趣旨に基づく授業観の変容」は、全ての校種に共通することですので、自校の実態に即してこの解答例を修正し、解答の作成に生かしていただきたいと思います。

💡 解説

　学校運営は、教育目標の達成に向け、全教職員の力を結集して進められる意図的・計画的な営みであり、それは組織として進められます。そうした組織としての働きを高めることが、学校運営の改善に他なりません。そのためには、目指す目標の共有、役割分担の明確化、教職員の責任感などが重要となります。したがって、学校としての授業改善に対する考え方や基本方針を確立し、共通理解することが重要となります。

　主任教諭として、管理職や教務主任などの指導を受け、論文の中にも示した「主体的・対話的で深い学びの実現」といった意味や意義を示した資料を作成することが重要となります。

(佐藤正志)

生活指導担当

　現任校は小規模校でありながらも家庭の問題をはじめとする様々な重荷を背負う児童が多く、生活指導に関わる教職員の負担も少なくない。私も経験10年目ではあるが、校内の諸事情に鑑み、生活指導主任を任されている。

　生活指導というと、規律の乱れやいじめへの対処など問題行動への対応という消極的な面がどうしても中心となる。しかし、今後は生活指導の積極的な意義を踏まえ、学校の教育活動全体を通じ、学習指導と関連付けながら一層の充実を図っていくことが求められる。以上の観点から、課題と解決策を述べる。

（課題１）　❶「質の高い授業の創造こそ生活指導の原点」という意識の向上

　教科指導と生活指導とは相互に深く関わり合っている。生活指導を充実させようとするなら、日々の教科指導の質を高いものにすることが求められる。

　しかし、教員の多くはそのような認識と意識が少ない。授業と生活指導とを関連付けた日々の取組や自らの授業を生活指導の視点から見直すことも見られない。学習環境や教師の言動にもさらに留意する必要を感じる。

（課題２）「守る生活指導から攻める生活指導へ」教職員の意識の転換

　現任校の現状は、問題行動への対症療法が中心となっている。教員の人数が少ないにも関わらず、問題事案が相応に見られ、関係諸機関との連絡・調整や家庭への周知などやるべきことが次から次へと起こるからである。今後は生活指導のより積極的な面を一層重視し、未然防止、早期発見・対応を核とした生活指導体制の確立が求められる。

（解決策１）生活指導の視点から日々の授業についてその向上を図る研修体制の構築

　現任校では、国語科を中心とした校内研究に取り組んでいる。年間３本の授業研究を行っているが、校内研究のさらなる充実が生活指導の充実につながるということで、各学年１本ずつの計６本にするよう研究主任に進言し、実施の運びとなった。また、その折に○授業の場で児童の居場所をつくる、○わかる授業を行い、主体的な学習態度を養う、○共に学びあうことの意義と大切さを実感させる、○学ぶことの意義を理解させ、家庭での学習習慣を確立させる、の４観点を授業づくりの指針として共通に実践している。今後、国語科以外でも活用できるように各教科部会で教科の特性に応じて改善を加える。また、教師の日々の言動など人権感覚についても留意するよう、ことあるごとに啓発に努めている。

（解決策 2）豊かな情操を養い、人権感覚や規範意識を身に付けさせる指導の徹底

　一つは、日頃の❷道徳教育と道徳科の指導の充実と徹底である。豊かな心を育てることは全てに通じることなので、道徳教育推進教師や道徳主任と日々密に連絡・調整をしながら道徳教育の水準の維持・向上を図る。二つは、問題行動の「未然防止、早期発見・対応」体制の確立である。毎月の職員会議の中に生活指導に関わる議題を位置付け、「いじめ発見チェックリスト」に基づいた情報交換の場を設ける。三つに、保護者や地域との連携・協力を密にしていく。定例の保護者会ももち方を工夫することにより、魅力ある保護者会にすることにより保護者の出席率を高めたい。最後に、学校全体で「ならぬものはならぬ！」を基調とした毅然たる教師の姿勢を貫くことの大切さを日々訴えかけていく。

　私は、児童の人格のよりよい発達を促すとともに、学校が児童にとって有意義で充実したものになるよう教育活動を進め、学校運営の充実を図っていく。

【中学校・高等学校・特別支援学校受験者へのアドバイス及び対応】

　小学校の事例として記しましたが、内容は中学校にも高等学校にも通じるものです。❶については、学習内容が徐々に高度になる中学校以上にはなおさら求められるのではないでしょうか。分かる、面白い、ためになると実感する学習活動の展開、すなわち、アクティブ・ラーニングを意識した学習展開を志向したいものです。教科担任制であるがゆえ、より専門的な見地から授業改善が必要です。日々の授業の中で一人一人の子供の自己存在感や自己有用感を高めたいものです。

　❷については、道徳教育はそれこそ全教育活動を通して行うものです。中学校においては、週1回の道徳科が道徳教育の「要」として位置付けられていますが、高等学校ではありません。公共や倫理の学習で一段高い学びを促していくことが求められます。

💡 解説

「知は行の始めなり。行は知の成るなり」（王陽明）

　本当に知れば知るほど、それは立派な行いになってきます。また、知が深くなればなるほど、行いもまた尊くなります。だから、学問を修め、思考力、判断力、表現力を身に付けることが「人間をつくる」ことに通じるのです。その意味で日々の授業の充実があるわけです。

　生活指導は、対症療法よりも一人一人の児童・生徒の人格を尊重し、個性の伸長を図りながら、社会的資質や行動力を高めることに留意して行われる教育活動であることに比重を置きたいものです。　　　　　　　　　　　　　　（大原龍一）

予想問題① 令和5年度
予想問題② 令和5年度
実施問題 令和4年度
実施問題 令和3年度
実施問題 令和2年度
実施問題 平成31年度
実施問題 平成30年度

研究・研修担当

　校内研修は、それぞれの学校の教育課題の解決に向けて組織的・計画的に行われなければならない。現任校の校長は常に子供主体の学校づくりを強調し、子供の実態に即した授業にしていくことを全教職員に求めている。本校では、中央教育審議会が示す「個別最適な学びの実現」を研究のテーマに取りあげて授業改善を進めている。私も研究推進委員会の一員として個に応じた学習指導の考え方を整理し、研究授業を公開して本校が求める授業の姿を提案した。しかし、そうした個に応じた指導法はなかなか学校全体に浸透せず、校長が目指す学校運営が実現しているとは言い難い状況にある。

（１）個に応じた学習指導を実現する上での二つの課題

①授業改善以前の基本的な指導力が不足している教員の存在

　指導する教師と学習する子供との間に信頼関係がなければ、授業は成り立たない。そうした信頼関係を築くことは、個に応じた指導の実現といった授業改善以前の問題であり、子供を指導する教師としての基本的な役割である。現任校には、それができていない若い教員が在籍している。そうした教員に、授業を成り立たせるための前提となる基本的な指導力を身に付けさせることが、個に応じた指導を実現させる前提の課題となっている。

②知識を教え込む一斉授業から抜け出せない教員の存在

　中央教育審議会が示している個別最適な学びの実現に向けた授業改善をしていくためには、子供を主体にした個に応じた授業を展開していくことが基本である。しかし、知識を順序立てて教え、身に付けさせていくことが重要であるという従来の一斉授業の考え方から抜け出せない教員も存在する。それは50歳代のベテラン教員で、集団への指導などは学ぶ点も多いが、個に応じた学習指導の必要性をどう理解させるのかが課題となっている。

（２）研究・研修を担当する主任教諭としての取組

①基本的な学習指導力の育成

　東京都教員育成指標では、教員が身に付けるべき力の第一に「学習指導力」を挙げ、「児童・生徒の学習の状況や指導計画・評価計画を振り返り、授業改善を図ることができる」「児童・生徒の興味・関心を引き出し、個に応じた指導ができる」ことなどを示している。これまでも、学年主任と一緒に授業観察を行い、必要に応じて指導してきたが、改善しているとは言い難い状況にある。その原因は、自分の授業を客観的に振り返ることができていない点にあると考

えている。今後は、この育成指標を本人にも示して自覚を促し、学年主任と協力して授業観察を続け、具体的な指導と助言を行っていく。

②これからの学習指導の考え方に基づく授業観の変容

　授業に対する考え方が固定化している教員には、授業観を変えてもらうことが不可欠である。これまでも、これからの学習指導の在り方について様々な場で伝えたつもりであった。しかし、長い経験に固執して指導を進めるベテラン教員に理解してもらうことは困難であった。そこで、中央教育審議会の考え方など広い視点から学習指導要領の趣旨を理解させるため、教務主任を講師とする全体研修会を開催していただいた。今後は、外部の講師を招聘して個に応じた指導を中心とした授業改善に関する研修会の開催を教務主任に提言する。

　個に応じた指導の展開が学習指導要領の具現化につながるという信念のもと、管理職や研究主任の指導を受け、校内研究・研修の推進に取り組んでいく。

【中学校・高等学校・特別支援学校受験者へのアドバイス及び対応】

　本解答例は、全教科を担当する小学校の事例をもとに作成してあります。教科担任制をとる中学校や高等学校では、個に応じた指導に各教科の特性をどう生かしていくのかが大きな課題になると考えられます。したがって、各教科主任等の考えや考え方を把握し、調整していくことが必要となるでしょう。また、特別な教育課程を編成する特別支援学校では、個に応じた指導の考え方や方法も異なっていると思われます。そこでは、各学年間の調整が重要となります。

　しかし、解答例で挙げた「基本的な学習指導力の育成」や「これからの学習指導の考え方に基づく授業観の変容」は、全ての校種に共通することです。したがって、自校の実態に即してこの解答例を修正し、解答の作成に生かしていただきたいと思います。

💡 解説

　校内研修は、それぞれの学校の教育課題の解決に向け、全教職員で取り組む活動です。したがって、校長の示す学校経営方針に基づいて組織的・計画的に行う必要があります。言い換えると、校内研修の推進自体が、校長が求める学校運営の実現ということになります。学校運営の重要な役割を担う主任教諭として、校内研修の充実を図っていくことが必要です。

　管理職や教務主任、研究主任などの指導を受け、綿密な調整を図りながら、研究・研修を企画・立案していくことが重要となります。　　　　　　　（佐藤正志）

予想問題① 令和5年度
予想問題② 令和5年度
実施問題 令和4年度
実施問題 令和3年度
実施問題 令和2年度
実施問題 平成31年度
実施問題 平成30年度

115

特別活動担当

　本校の校長は、特別活動を通して生徒の自主的・自発的態度を育成すること
を学校運営の基本的な柱の一つとしている。したがって、特別活動においては、
子供たちの自主性や主体性を尊重することが重要となる。私も特別活動の担当
者として、職員会議等の場を利用して、クラブ活動や委員会活動に取り組むに
あたっては子供たちの自主的な考えを尊重するよう教職員に働きかけてきた。
しかし、そうした特別活動の基本的な考え方を軽視し、クラブ活動や委員会活
動の内容が教師の側の都合で考えられていることが少なくない。

（1）特別活動のねらいの達成に向けて学校運営を進める上での二つの課題

①特別活動の基本的な考え方を理解できていない

　特別活動のねらいは、子供たちの自主的な考え方を尊重し、自主的・実践的
な態度や能力を育成することである。そうした力を育むためには、子供とじっ
くりと向き合い、その考えを引き出すことが必要である。しかし、活動に取り
組ませればよいと考え、教師の考え方を一方的に押し付ける教員が存在する。
これでは、特別活動のねらいを達成することは難しい。

②特別活動の内容が固定的に考えられている

　委員会活動やクラブ活動、学校行事などの特別活動の内容は、子供の思いや
考え方に応じて柔軟に対応していくべきである。それが、特別活動の本来の趣
旨である。しかし、特別活動の内容を固定的に考え、クラブ活動や学校行事の
内容を全く検討しようとしない教員が存在する。運動会の種目はこれとこれ、
クラブ活動は昨年と同じ、というように例年とまったく同じ内容で実施しよう
とするのである。どのようにしたら、そのような教員に特別活動のねらいに基
づいて、柔軟な発想に立って考えさせることができるのかが課題である。

（2）特別活動を担当する主任教諭としての取組

①特別活動の基本的な考え方の理解

　子供の主体的な態度や能力の育成という特別活動のねらいは、学習指導要領
で重視している主体的・対話的で深い学びの視点に立った授業改善でもある。
特別活動の充実は、学習指導要領の趣旨の具現化にもつながると考えている。
しかし、そうした考え方のできない若い教員も少なくない。そこで、若手教員
が自主的に集まって勉強している「若手教員研修会」で、特別活動の基本的な
考え方を説明する機会をつくる。また、特に課題のある教員には個別の指導を
していく。

②柔軟な考え方に立った特別活動の実施

　子供の主体的な態度や能力の育成という特別活動のねらいを考えると、子供の思いや考えを重視した柔軟な活動にしていかなければならない。そのためには、子供を中心とした内容を考えていかなければならない。しかし、長い経験に基づくベテラン教員にそれを理解してもらうことは難しい。そこで、特別活動の考え方に関する資料を収集し、それを整理して職員会議で情報提供をしていく。また、それは学習指導要領の趣旨の具現化にもつながることから、外部の講師を招聘して「子供中心の教育活動」といった内容での研修会の開催を提言し、子供主体の柔軟な特別活動の重要性を浸透させていく。

　特別活動の充実が、学習指導要領の趣旨の具現化につながるという信念のもと、管理職や特別活動主任の指導を受け、特別活動の充実に取り組んでいく。

───────────────────────────

【中学校・高等学校・特別支援学校受験者へのアドバイス及び対応】
　本解答例は、小学校の教育活動をもとに作成してあります。教科担任制をとっている中学校や高等学校では、特別活動の内容も学年団として考えていくことも多いと思われます。したがって、各学年主任等の考えや考え方を把握し、調整していくことが必要となるでしょう。また、特別な教育課程を編成する特別支援学校では、特別活動の考え方や具体的な指導方法も異なっていると思われます。そこでは、学校全体としての調整が重要となります。
　しかし、解答例で挙げた「特別活動の基本的な考え方の理解」や「柔軟な考え方に立った特別活動の実施」は、全ての校種に共通することです。したがって、自校の実態に即してこの解答例を修正し、解答の作成に生かしていただきたいと思います。

💡 解説

　特別活動は、それぞれの学校の歴史や伝統に基づき、特色ある活動が行われています。そうだからこそ、特別活動の内容が固定化されてしまっている傾向が少なくありません。子供たちの自主性や主体性を尊重し、自主的・実践的な態度や能力を育成するという特別活動のねらいを再度全教職員で再確認し、共通理解を図っていく必要があります。その上で、運動会や体育祭の種目、遠足の実施方法、移動教室などの宿泊行事などを見直し、再検討することが重要です。そのために、主任教諭として、管理職や特別活動主任などの指導を受け、綿密な調整を図りながら、充実した特別活動を目指すことが重要となります。　　　　　（佐藤正志）

体育的行事担当

（1）課題

　「体育・健康に関する指導」では、学校の教育活動全体を通して「健やかな体」の育成に努めることが求められる。要となる「体育科の指導」をはじめ、「健康、安全、心身の健康の保持・増進に関する指導」について、指導の充実・徹底を図りながら学校運営の改善に努めていきたい。

　私は現任校で、体育全体に関わる総括を任されている。以下、体育主任並びに運動会を中心とした体育行事の担当者として、課題とその解決策について述べる。

（課題１）❶教師一人一人の指導力の向上と体育科学習の質的改善

　児童一人一人の基礎的な身体能力の育成を図るには、意図的・計画的な体育科授業の実施、そして、そのための教師の指導力の向上が求められる。

　しかし、現任校では、体育の授業は児童が身体を目いっぱい動かしていればよい、児童は体育が好きなのだから児童の自主性を尊重して進めればよい、などと活動あって学びなしの体育科授業が見受けられる。その背景には、教師の指導力の自信のなさや指導技術の未熟さなどが挙げられる。大きな課題である。

（課題２）❷学校行事への取組を通して教職員の意識の変革を図る

　現任校での運動会委員長も２回目となる。「現状維持は退化なり」を合い言葉に、今までの運動会の在り方を改善したいと考えている。運動会のように毎年実施しているものについて新しい提案をしても、「例年通り」「あまり変えなくてよい」という職員の意識が強いなど、変化や新しいものを避ける傾向がある。

　また、運動会は「特別の催し」と捉え、日常の体育科学習を発表する場となっていない。保護者や地域の方々も見栄えや勝敗にこだわり、子供たちの成長のプロセスを評価することが少ない。まだ、地域のお祭り的要素が高い。

（2）解決のための方策

（解決策１）児童一人一人のよさと可能性を育む魅力ある体育科授業の創造

　私は、体育科主任として教師一人一人の体育指導能力の向上を図る。そのため、年間にわたって各運動領域に関わる体育実技研修を計画的に行う。特に、水泳運動などは泳法指導もさることながら、児童の命に直結する種目なので専門性を有した人材を講師として招きたい。また、年に１回は授業観察において体育科授業を取り入れるよう、主幹教諭や管理職に進言する。その際、一人一人の教員への助言など授業づくりに自ら積極的に関わり、学習の質的向上を図る。

さらに、体育科学習におけるＩＣＴの活用を積極的に導入する。そのことにより、児童に自分の動きをフィードバックできる授業が可能となる。定期的に体育に関する環境整備（施設・設備、用具類等の点検）の時間を学年会等で設定するよう働きかけることも忘れてはならない。

（解決策２）情報発信に努め、社会に開かれた教育課程の実現に努める

　私は、運動会の意義やねらいについて各種便りやＰＴＡ、地域等の会合などでより詳しく発信し、理解を得るよう努力する。また、運動会等の練習過程を広く公開し、日々子供の成長を目に見えるかたちで示していく。そのことにより、日頃の学習活動の成果発表の場との理解が得られるものと確信する。さらに、運動会実施計画案の検討段階や審議において、ＰＴＡの担当者にその会議に出席してもらい、意見や協議を重ねる。共に運動会を創り上げる意識をもってもらう「社会に開かれた教育課程」の第一歩としたい。

【中学校・高等学校・特別支援学校受験者へのアドバイス及び対応】
❶小学校全科教員を対象に述べました。したがって、指導する全教員が体育指導に優れているわけではないので、なおさら研修が必要なのです。中学校・高等学校の教員は全員が教科専門の先生方ですから、自らの教科に対する専門性はもっています。しかし、指導内容や方法は常に新しくなっています。特に、学習指導要領が変わるたびに変更されています。どのようにしてそれらを吸収し、自分の教科指導力を向上させるのか、という観点から述べられるとよいです。特別支援に携わる先生方も同様です。
❷教科担任制になると、教科の枠を超えて物事を進めることは結構大変です。自分の領域外ともなると、遠慮して口出しできなくなるものです。教科等の枠などを超えて、組織の一員として学校教育の活性化に尽力できる教員が求められます。そのあたりのことを論文ににじませてください。各種学校行事に対して、どのように家庭や地域との連携・協力をもつかが課題です。

💡 **解説**

　担当する全教科について専門性をもつことは不可能です。しかし、少しでも質の高い指導ができるよう、自ら研鑽することが大切です。そして、学校の中にはそれぞれ得意とする分野をもつ教員がいます。様々なよさや能力を組織の中でいかに活用し、学校力を高めるべくいかに学校を運営していくか、そんな統率力を主任教諭として発揮してもらいたいものです。また、学校と地域との懸け橋となるよう、行事等を通してリーダーシップを発揮してもらいたいものです。

（大原龍一）

119

道徳教育担当

　道徳教育では、全教師がその重要性について認識を深めるとともに、学校の道徳教育の重点や推進すべき方向性について校長の指導のもと、共通に理解し具体的な指導の充実に努めていくことが求められる。

　私は、現任校において、道徳教育推進教師と道徳科主任を命ぜられた。校内の道徳教育全般にについてその活性化と一層の充実を図ることが学校運営に資することであると考える。以下、課題と方策について述べる。

（１）課題

（課題１）学校、家庭、地域や関係機関と一体となった「道徳教育」の推進

　子供たちの教育を担うのは学校だけではなく、家庭や地域等もその役割と責任をもつ。学校と家庭や地域の双方が協力し、互いに補完し合って子供たちの心の教育を推進していくことが道徳教育の充実と活性化につながる。

　しかし、学校においても日々の道徳教育は一生懸命に取り組んではいるものの、それが家庭、地域等になかなか浸透していかない。また、家庭や地域等における健全育成の取組が学校に伝わってこない。連携して取り組む重要性は認識しているが、考えや思いがバラバラで統一性がない。今後は、双方で一体化させた「道徳教育」の推進をいかに進めるかが課題である。

（課題２）「特別の教科　道徳」の理念の共有と授業の質的改善

　新教育課程において道徳の時間が「特別の教科　道徳」となったが、その大きな要因の一つに、週１時間の道徳の授業がきちんと行われていなかった、という現状がある。今日そのような状況は徐々に改善されてきたが、授業の質を問うとまだまだ課題もある。一部の熱心な教師を除いては、おざなりの授業で済ますこともある。保護者等からとやかく言われることもないので、現状に胡坐をかき、道徳授業の質的改善に取り組まない教師もいる。週１時間の授業をきちんと行い、しかも、質の高い授業を保障するのが現任校の課題である。

（２）解決のための方策

（解決策１）情報発信に努めるとともに、連携の「要」となる

　道徳教育の主体は学校であるが、学校の道徳教育の充実を図るためには、家庭や地域との連携・協力が必須である。道徳教育推進教師として、以下に取り組む。第一に、「道徳教育通信」を定期的に発行したりホームページに「道徳教育コーナー」を開設したりして、学校での道徳教育の取組等についての情報を発信していく。第二に、学校が主催する「学校運営協議会」に出席したり、

地域の健全育成の会合に出向いたりする。さらに、関係諸機関への定期的な巡回等を通して情報収集に尽力する。第三に、「道徳教育の全体計画」に基づいて、校内での道徳教育の共通理解と共通実践にリーダーシップを発揮する。

（解決策2）道徳科授業活性化のため、カリキュラム・マネジメントの「要」となる

第一に、「道徳科年間指導計画」の再作成である。教科書会社の指導計画を自校の特質や実態に即したものに作り変える。第二に、自らも各種研修会や勉強会に出向いて資質・能力の向上を図り、質の高い授業実践に努める。また、その成果を校内に広げる。第三に、大勢の保護者や地域からの参観を得るため道徳授業地区公開講座に創意工夫を凝らし、より魅力あるものとする。各学級の道徳授業の質的向上と意見交換会や講演会の充実に努めたい。

以上の取組を遂行しながら、学校運営の改善に取り組む所存である。

【中学校・高等学校・特別支援学校受験者へのアドバイス及び対応】
　小学校の事例として記しましたが、中学校や特別支援学校中等部においてもそのまま当てはまります。特に、道徳科の授業となると中学校にもかなり頑張ってもらいたいと思うことが多々ありますが、どうしても、教科の指導や行事に傾いた指導になりがちです。受験のからみもありますが、何はともあれ、心の教育の重要性を各先生方が認識し、一致した道徳教育を推進すべくリーダーシップを発揮していただきたいと念じています。
　高等学校においては、道徳科の授業はありません。したがって、ホームルームや公共の授業を充実させて生徒の道徳性や倫理観を高める方途について記述します。道徳教育については、どの学校種にも共通ですので一層の充実策を述べていただきたいと思います。ただ、中学校までのように地域や家庭との連携については、また違った角度から記述するようになると考えます。

解説

　道徳教育は全教育活動を通して充実・徹底を図らなければなりません。また「学校、家庭、地域等（関係機関）」との連携も必須です。すなわち、「共通理解」のもと「共通実践」が行われなければ、その実を結ぶことはできません。小学校・中学校においては、週1時間の「特別の教科　道徳」の質的向上を図る方策が求められます。いずれにしても、学校と家庭や関係機関との連携における「要」となる主任教諭の創意と実践力が、よりよい学校運営を促すものと考えます。

（大原龍一）

教科担当（算数科）

　私は、教職に就いて８年目となり、初めて主任選考試験を受ける。改めて勉強を始めてみると、学校運営に関わる様々なことを理解するようになってきた。それと同時に、現任校の実態や課題についても新たな視点で認識することができ、その解決について自分なりの方途を見つけようと努力するようになった。

　私の主な校務分掌は、第３学年の学年副主任と算数科主任である。学年には初任者がおり、指導・育成担当となっている。以下、課題と方策を記す。

（１）課題

（課題１）授業の質的改善と児童一人一人の確かな学力の向上

　新教育課程が完全実施となり❶4年目を迎えようとしている。そして、各学校における不断の授業改善が常に求められている。

　しかし、実態を見ると日常の忙しさや児童・保護者への対応に追われ、じっくりと授業改善に向けた日々の検討や研究を進めることが難しい。教科部会自体が物品購入や時間割調整のための連絡だけの会になっているのが現状である。

（課題２）自信をもって日々児童の指導に当たる初任者の指導・育成

　現任校の初任者は真面目で指導したことについても真摯に受け止め、意欲的である。また、教材研究や各種書類作成についても時間を忘れて取り組む。

　しかし、はたから見ているとはつらつと自信をもって毎日の職務を果たしている様子が感じられない。自信のなさが日々の児童指導にも伝わり、児童からも一目置かれる教師になっているとは言えない。授業中の声も小さく、時として児童のおしゃべりを制しきれず、❷教室が騒がしくなってしまうこともある。

（２）解決のための方策

（解決策１）魅力ある授業を構築する教科部会の活性化と教師の連携・協力

　授業改善を図るためには、児童の❸「主体的・対話的で深い学び」を実現する教師一人一人の指導力の向上が何よりも求められる。私は、算数科主任の立場から、以下の取組を行う。

　できる限り時間の調整を図り学年会に出席し、各教員と密な打ち合わせを行い、算数科の教材研究を協働で深めていく。また、各学年の「算数科年間指導計画」についてカリキュラム・マネジメントの視点から再度見直し、系統的な指導の充実に役立つ指針となる資料を作成し提供する。さらに、同年代が揃う教科主任による教科部会を開催し、主幹教諭や指導教諭の指導のもと、魅力ある授業の創造を目指し知恵を出し合うなど自主的な研究会を継続して行う。

（解決策2）初任者の立場や思いなど当事者の実態に即した若手指導の実施

　教育は児童理解から始まると言われる。初任者の指導・育成も同様にその人物について理解を深めながら、実態に即した指導を進めていくことが肝要である。特に、コロナ渦中で、しかも大量に採用された教員はある意味相応の社会性が身に付いておらず、自らに自信がもてない者も多い。

　私は、担当する初任教員との対話・傾聴に心がけ、まず人物を理解することに徹する。そして、ＯＪＴを通して共に職務を遂行するなかで本人の成長レベルに即して指導する。また、主幹教諭や管理職の援助をもらいながら「若手指導年間計画」を策定し、スモールステップを大切にしながら援助し、できた時には大いに認め、称賛する。日々の授業観察をこまめにするとともに、指導教員並びに先輩教員の模範授業を積極的に参観させ、授業実践への自信をもたせたい。最後に、常に笑顔で全教職員に接するよう自らも心がける所存である。

【中学校・高等学校・特別支援学校受験者へのアドバイス及び対応】
　(1)の課題で挙げた二つは小学校に限らず、どの学校にも言えることです。ただ、学校種別により新教育課程の❶実施年度が変わってきますので注意してください。また、働き方改革が求められているにも関わらず、なかなか教材研究など日々の授業の充実に関わる時間が取れないのも現実です。中学校・高等学校においては部活動に時間がとられ、難しい現状もあるかもしれません。

　❷については、このまま放っておくといずれは指導が行き届かない状況に至ります。さらに、そのことにより、教師自身も「心の病」に陥り休職、退職となるケースもよく見られます。中学校なども以前のような校内暴力を中心とした「学校の荒れ」はないものの、もっと難しい表面化しづらい問題や課題があるようです。

　❸「主体的・対話的で深い学び」、いわゆるアクティブ・ラーニングは校種が上がるほど求められるので、学習内容はもちろんのこと、学習方法について授業の工夫がより求められます。

💡 解説

　どれも今日的な課題です。特に、大量採用もあり若手教員の質の向上が早急の課題です。また、打たれ弱い人材も多く、いかにやめさせることなく一定の水準を保った教育活動を維持させるかが人材育成に求められる課題です。授業の充実については永遠の課題ですが、働き方改革もあり、いかに効率よく効果的に授業力や生徒指導力を身に付けさせるOJT機能を構築していくがが、これからの学校現場に求められる課題となります。　　　　　　　　　　　　（大原龍一）

123

情報教育（ICT）担当

　令和3年1月の中央教育審議会答申「『令和の日本型学校教育』の構築を目指して」では、全ての子供たちの可能性を引き出す、個別最適な学びと、協働的な学びの実現が重視されている。GIGAスクール構想の早期実現を目指し、学校教育の基盤的なツールとしてICTの有効的な活用が求められている。現任校は、区のICT研究校に指定されている。校務分掌として、研究副主任、ICT活用推進委員長として校内研究の充実と活性化に取り組んでいる。以下、課題とその解決に向けた方途について記す。

（1）課題

（課題1）❶教科の特性を見極め効果的にICT機器を活用する

　ICTは、これからの学校教育を支える基盤的なツールとして必要不可欠である。しかし、教育効果を考えて活用することが重要であり、活用自体が目的化しないよう留意しなければならない。

　しかし、現状を見ると、タブレットの活用が目的化している授業が多く見受けられる。一因として、操作に不安を感じるため機器やアプリの習熟に奔走する、教科の特質を十分に理解していないがために無駄な使い方をし、無駄に時間を浪費している、などが挙げられる。

（課題2）情報モラル教育の推進が立ち遅れている

　本校は、情報機器の活用についての意識は高いものの「情報モラル教育」の推進については立ち遅れている。このことはタブレットに限らず、スマートフォン、SNS、さらには、著作権や個人情報保護等多岐にわたる問題である。なかなか情報モラル教育の研究までは「手が回らない」というのが現状である。LINEに関わって「ネットいじめ」の萌芽やトラブルも見られる。一部の保護者からも「タブレットを自由に使わせるな」と指摘されたこともあった。

（2）解決のための方策

（解決策1）ICTの活用に向けた教師の資質・能力の向上

　ICT機器やタブレットの活用は「効果的に活用する」ことが大前提である。効果が見込めない場合は、健康面等も留意して使用を控えるべきである。教科学習において効果的に活用するには、何と言っても教員一人一人がその教科について、その特質を十分に理解しておかなければならない。

　現任校では、研究する教科を絞り、焦点化して研究することにした。そして、絞った教科に精通している講師を年間講師として招聘している。タブレット云々の

前に、教科研究を重視する。また、教科における年間指導計画にＩＣＴ機器の使用を明記し、計画的・効果的な活用を心がけている。さらに、保護者や地域の方々にＩＣＴ授業に関わる支援をお願いする予算措置も講じている。

（解決策2）❷全教育活動を通した情報モラル教育の充実

情報機器が発達すればするほど、便利になればなるほどその陰の部分も大きな影響力をもつようになる。そのために情報モラル教育は必須のものである。

私は担当者として、教職員対象の「情報モラル研修会」を定期的に開催する。その際、犯罪被害を含む危険回避や人権、知的財産権、健康との関わりなど各方面の専門家を招聘するなどして、研修の質的向上を図る。また、児童一人一人の豊かな心を育て道徳性を高められるよう、校内の道徳教育や特別活動などの教育活動を重視していく。さらに月１回「情報教育新聞」を発行し、必ず情報モラルのコーナーを設置し、啓発に尽力する。

【中学校・高等学校・特別支援学校受験者へのアドバイス及び対応】

❶これは小学校教員が特に留意しなければならないことです。大学での専攻をはじめ、長年の教員生活で培ってきた教科における専門性をもつ教員も多いので、そのような先生方の力を借りて効果的な活用を検討していくことも考えられます。教科部会等で合意形成を図り、ICT活用について十分に研究を深めることはとてもよいことです。

中学校・高等学校では、一人一人がその教科学習のエキスパートなので、さらなる研究・研鑽に努めることが肝要です。高等学校においては、「探究学習」が重視されるようになってきたので、そこにICTをどのように利活用するかの視点から記述するのもよいでしょう。特別支援学校においては、機器の操作訓練等、身体機能の向上を図る学習も効果があるかもしれません。

❷情報モラルについては、小学校よりも中学校・高等学校・特別支援学校においての方がより切実な問題となるでしょう。全教育活動における道徳教育の充実・徹底の観点から記述されることを願っています。

💡 解説

ICT教育＝タブレットの活用と思っている教員も多いと聞きます。デジタル教科書やそれに付随する素材なども有効に活用することです。また、教師自らが自らの足で稼いできた自作の教材も電子化して活用することが考えられます。また、得られる情報の真偽についても、教える側としては十分に吟味しておかなければなりません。フェイクニュースにつかまり、間違ったことを教えかねません。

（大原龍一）

予想問題①　令和5年度
予想問題②　令和5年度
実施問題　令和4年度
実施問題　令和3年度
実施問題　令和2年度
実施問題　平成31年度
実施問題　平成30年度

学校図書館担当

　学校図書館の目的は「教育課程の展開に寄与するとともに、児童・生徒の健全な教養を育成すること」であり、「主体的・対話的で深い学び」の実現に大きな役割を果たすことが期待されている。そのために、学習指導要領でも、学校図書館を活用して、自主的・自発的な学習活動や読書活動を充実させることの重要性が示されている。校長は経営方針で、「学校図書館を活用して『主体的・対話的で深い学び』を実現すること」を強調している。私は、学校図書館担当として校長の方針の実現に努力してきたが、容易には進まない状況である。

（1）学校図書館を活用した授業の実現に向けた課題

①学校図書館がもつ学習センターとしての機能が理解できていない

　学校図書館は、読書センターとしての機能以外に、学習センターや情報センターとしての機能を併せもつ。学習指導要領では、この学習センターや情報センターとしての機能を生かして授業改善を図ることを求めている。しかし、学校図書館は読書をする場であるという固定観念に捉われ、学習の場とする考えが浸透していない。私は学校図書館の役割に関する資料を配布して、授業での活用を依頼してきたが浸透していない。学校図書館がもつ学習センターや情報センターとしての考え方を浸透させることが課題となっている。

②知識伝達を中心とした従来の授業観から抜け出せない

　学習指導要領が示している「主体的・対話的で深い学び」の実現に向けた授業改善をしていくためには、児童を主体にした授業を展開していくことが基本である。しかし、依然として知識を順序立てて教え、身に付けさせていくだけで十分であるという従来の授業観から抜け出せない考え方も根強い。そうした教員に、学校図書館を活用して授業改善を図ることの重要性をどう理解させるのかが課題となっている。

（2）学校図書館を担当する主任教諭としての取組

①学校図書館が果たす役割の浸透

　学習指導要領では、学校図書館の学習センター・情報センターとしての機能を活用して授業改善を図ることを求めており、校長の方針もその立場に立っている。このことについて、これまでも話題にはしてきたが、改善しているとは言い難い状況にある。その原因は、学校図書館は読書の場である、という固定的な考えが存在していることにある。そこで、学校図書館を活用した授業の事例を紹介し、その有効性を示していく。また、実際に私が学校図書館を活用し

た問題解決的な授業を行い、多様な授業の方法を示す。

②学習指導要領の考え方に基づく授業観の変容

　授業に対する考え方が固定化している教員には、児童を中心とした授業観に変えてもらうことが不可欠である。これまでも、研究推進委員会から学習指導要領の考え方に基づく授業についての情報が提供されてきた。しかし、長い経験に基づくベテラン教員に理解してもらうことは容易ではない。そこで、学校図書館担当者として、児童理解に基づく授業と学校図書館の活用に関する全体研修会を開催する。また、学校図書館の活用方法について、実技研修会も開催していく。

　授業改善を進めるためには、学校図書館を効果的に活用することが有効である。管理職や研究主任の指導を受け、学校図書館を活用した授業改善の推進に取り組んでいく。

【中学校・高等学校・特別支援学校受験者へのアドバイス及び対応】

　本解答例は、全教科を担当する小学校の事例をもとに作成してあります。教科担任制をとる中学校や高等学校では、各教科等の指導内容やその特性に基づいた学校図書館の活用について考えていく必要があります。したがって、各教科主任等の考えや考え方を把握し、調整していくことが必要となります。また、特別な教育課程を編成する特別支援学校では、その考え方や具体的な取組も異なっていると思われます。そこでは、学校全体での調整が重要となります。

　しかし、解答例で挙げた「学校図書館が果たす役割の浸透」や「学習指導要領の考え方に基づく授業観の変容」は、全ての校種に共通して、学校図書館担当者が取り組まなければならないことです。したがって、自校の実態に即してこの解答例を修正し、解答の作成に生かしていただきたいと思います。

💡 解説

　学習指導要領総則では「学校図書館を計画的に利用しその機能の活用を図り、児童（生徒）の主体的・対話的で深い学びの実現に向けた授業改善に生かす」ことの必要性が強調されています。そのために、学校図書館がもつ「読書センター」としての機能だけでなく、「学習センター」や「情報センター」としての機能を充実させ、その活用が求められます。　　　　　　　　　　　（佐藤正志）

予想問題① 令和5年度
予想問題② 令和5年度
実施問題 令和4年度
実施問題 令和3年度
実施問題 令和2年度
実施問題 平成31年度
実施問題 平成30年度

養護教諭

　養護教諭は、子供の心身の健康を維持するための重要な役割を担っており、そのために子供たちの基本的生活習慣に目を向けることが重要である。しかし近年、家庭の教育力の低下も言われ、基本的な生活習慣が確立していない子供が増加し、現任校においても朝食の欠食や睡眠不足、基礎的体力の低下といった傾向が増加している。子供たちの基本的生活習慣を確立することは、学習習慣にも大きな影響を与えている。学校教育の充実を図るために、保護者や地域を含め、全校で組織的に基本的生活習慣の確立に取り組んでいくことが校長の学校運営の方針である。しかし、それが十分にできていない実態がある。

（１）基本的生活習慣を確立していく上での二つの課題

①基本的生活習慣の重要性に関する理解不足

　適切な運動、調和のとれた食事、十分な休養・睡眠が子供の成長には不可欠であり、基本的生活習慣の乱れが学習意欲や体力・気力の低下の要因の一つとなっていることは、文部科学省も指摘しているところである。それは、学習の成果にも大きな影響を与えている。しかし教職員の中には、その重要性を十分に理解できていない実態がある。一人一人の教員に基本的生活習慣を確立することの重要性を理解させることが、養護教諭としての課題となっている。

②基本的生活習慣の確立は学校の役割ではないという考え

　一人一人の子供たちの基本的生活習慣を確立していくためには、保護者や地域への啓発活動を含めて、全校で組織的に取り組んでいく必要がある。現在、基本的生活習慣を身に付けさせるために、学校が果たす役割は非常に大きいと言わざるを得ない。しかし、学校は学力を身に付けさせるための指導を充実させるべきであり、基本的生活習慣の確立は家庭の役割であると主張する教員が存在する。確かにそうした考え方も存在するが、学校と家庭が一体となって子供を育てるという立場に立つことが必要である。

（２）基本的生活習慣の確立に向けた主任養護教諭としての取組

①基本的生活習慣の重要性に関する教員の意識の向上

　適切な運動、調和のとれた食事、十分な休養・睡眠などの基本的な生活習慣は、子供たちの学習や生活の基盤となる。それは文部科学省も指摘しているところであり、基本的生活習慣の乱れが学習意欲や体力・気力の低下の要因の一つとなっているとしている。そのことを担任の教員に理解してもらうために、情報提供に努める。特に、全国学力・学習状況調査の結果を分析し、基本的生活習慣と

学力との関係を明らかにする。また、校内研修会において外部講師を招聘し、基本的生活習慣の重要性について研修する機会を設けるよう提言する。

②学校と家庭が一体となって子供を育てるという教育観の浸透

　学習指導要領でも、学校と家庭や地域との連携・協働の重要性を強調している。確かに、子供の基本的生活習慣の確立は、学校だけで担うものではないことは明らかである。しかし、家庭や社会の現状を考えると、学校が果たすべき役割は少なくない。そこで、主任養護教諭として、学校内外に的確な情報の提供と、具体的な指導方法の提示を行う。そのなかで、学校が担うべき役割と家庭がするべきことを明確にしていく。保護者会や保健だよりを活用するとともに、学校保健委員会なども活用し、啓発活動を行っていく。

　基本的生活習慣の確立が、子供たちの学習や生活の基盤であるという信念のもと、管理職や保健主任の指導を受け、組織的・計画的な指導の充実を図る。

【中学校・高等学校・特別支援学校受験者へのアドバイス及び対応】

　本解答例は、全教科を担当する小学校の事例をもとに作成してあります。しかし、中学校や高等学校においても、この解答例で示した考え方は通用します。また、特別な教育課程を編成する特別支援学校では、基本的生活習慣の指導自体が、重要な指導内容にもなります。そこでは、子供の障害の状況に応じた個別の指導が必要となります。

　しかし、解答例で挙げた「教員の意識の向上」や「学校と家庭が一体となって子供を育てる」といった考え方は、全ての校種に共通することです。したがって、自校の実態に即してこの解答例を修正し、解答の作成に生かしていただきたいと思います。

💡 解説

　学校保健安全法では「学校における児童生徒等及び職員の健康の保持増進を図る」と目的を掲げ、学校給食法では「日常生活における食事について正しい理解を深め、健全な食生活を営むことができる判断力を培い、及び望ましい食習慣を養うこと」という目標が定められています。基本的生活習慣を確立することは、これらを具現化することにつながると言えます。そのためのポイントは、家庭や地域との連携・協働、全校体制での推進です。

　主任養護教諭として、管理職や保健主任などの指導を受け、綿密な調整を図りながら、基本的生活習慣の確立のための教育活動を企画・立案していくことが必要となります。　　　　　　　　　　　　　　　　　　　　　　　　　（佐藤正志）

予想問題① 令和5年度
予想問題② 令和5年度
実施問題 令和4年度
実施問題 令和3年度
実施問題 令和2年度
実施問題 平成31年度
実施問題 平成30年度

令 和 2 年 度
実 施 問 題

次の問題について合計43行（1,505字）以内で述べなさい。ただし、35行（1,225字）を超えること。

主任教諭、主任養護教諭、主任栄養教諭には、学校の教育課題解決に向けた体制づくりや教員一人一人の資質・能力の向上を図るために、

・　校務分掌などにおける学校運営上の重要な役割

・　指導・監督層である主幹教諭の補佐

・　同僚や若手教員への助言・支援などの指導的役割

を担うことが求められています。

（1）あなたの担当する職務において、教諭等に対して助言や支援を行う上で、課題となることは何か、2点挙げて、その理由を述べなさい。

（2）（1）で述べた課題を解決するために、あなたは主任教諭、主任養護教諭、主任栄養教諭としてどのように取り組むか、あなたの実践・経験に触れながら具体的に述べなさい。

▶出題の背景

　令和2年度の出題者がこの問題を考えた時期には、すでに学校の一斉休校が始まり、その後の学校教育がどのようになっていくのかが不明の状況にありました。直接的には新型コロナウイルス感染拡大が出題には影響していませんが、突発的な緊急事態が発生し、そのなかでの学校教育の在り方を頭の中に入れておくことも必要でした。

　主任教諭制度が定着し、各学校での組織も主幹教諭・主任教諭が校務の中心として担当する形ができあがり、教育課題への取組も学校全体の組織が機能して、方向性を明確にしながら進められています。ただ教員の年齢構成を見ると、他の学校を経験しない1校目の若手教員が増え、教員育成の必要性が高まってきています。教育活動を行いながらOJTで育てていくことは従前より取り組んでいましたが、時間的な余裕のないなか、効率的に行い、効果を出すために、どのように推進していくかが学校に問われています。

▶出題のねらい

　この問題は、平成28年度の内容とほぼ同一です。4年の間にさらに教員を育てていくことが大きな課題となり、学校組織のなかに明確な形で位置付け、さらに助言や支援を中心とした育成内容についても問われています。それぞれの職務においても、育成の内容や方法、機会などを工夫しながら進めることが大切であり、主任教諭としての立場を認識した内容の記述が求められています。そのことを自覚した上で、自分の考えを実践・経験に基づいて述べていく必要があります。

　出題のテーマとなる内容は年度によって変わってきています。令和2年度は、教員等に対する助言や支援を行う上での課題です。皆さんはこれまで教諭として若手教員に対する育成の場面が多々あったと思います。その経験に基づいて課題意識をもって振り返り、課題を整理してみてください。その上で主任教諭としての立場を明確にして、具体的で効果の見える内容を述べていくことが求められています。

(山田修司)

予想問題① 令和5年度
予想問題② 令和5年度
実施問題 令和4年度
実施問題 令和3年度
実施問題 令和2年度
実施問題 平成31年度
実施問題 平成30年度

生活指導担当

（1）課題

　生活指導を行うためには、児童への指導経験が重要であり、経験年数の少ない教員は困難な事例に直面することも多い。その際に、自分だけではなく学年や生活指導部などの組織で対応することも大切になってくる。そのため、教員が生活指導の指導力を身に付けていくこととともに、そのことを確実に遂行していく体制づくりが求められる。

（課題１）生活指導における教員育成体制の整備

　生活指導は、❶学級内での指導について個々の教員の主体性や力量に任せる場面も多く、教員による指導の違いを指摘されることもある。学校として全体的に一つの方向性で指導していく必要がある。様々な課題への対応方法を蓄積し、的確な指導についても、相談や助言ができる体制を学年と生活指導部の組織につくり、機能させていくことが大切である。

（課題２）若手教員の生活指導力向上への取組

　現任校の教員の約半数は１校目の若手教員であり、様々な児童に対する生活指導の力量に不安がある。何かが起こった時に場当たり的に対応したり、児童の信頼を損ねたりすることも想定されることから、日頃から計画的・組織的に指導力向上の取組を進めていくことが求められる。

（2）課題解決に向けた取組

（解決策１）生活指導での対応力向上のための体制づくり

　教員にとっては個々に課題が違うため、実態を分析し、どのような内容に重点を置くかを考えていく。そのことをもとに、❷各主任教諭と担当職務との関係を明確にしながら、研修体制を構築していく必要がある。研修内容を誰が見ても分かる形で明示し、年間の指導計画に加え、個別の指導計画も作成していく。個々の指導事例の振り返りへの助言や具体的支援を行っていくなかで、指導力の向上を目指していける組織にしていく。

　生活指導は児童との具体的な関わりや指導場面をもとに行われることから、ＯＪＴを中心とした体制をつくっていくことが大切である。さらに児童だけでなく、保護者との対応も含まれてくる。事例によっては即応する場合もあるが、指導内容の相談も必要であり、その体制を構築しておく。生活指導は学習指導と違い、経験を重ねながら一人一人の教員の成長を図ることが重要である。この考えに基づいて、教員を育てる効果的な体制づくりに生かしていく。

（解決策２）生活指導力を身に付けるための取組

　生活指導は個々の児童の実態に応じて柔軟な対応が求められる。大学の養成課程では、学習指導は各教科の教育法等で学ぶ機会があるが、生活指導は実際の指導場面を掘り下げてどのような対応ができるかまではなかなか踏み込んでいなかった。養成課程で生活指導の実際を学んでいない若手教員は、児童への指導で戸惑ったり、児童等からの信頼を失うことへの懸念がある。

　そのため私は、生活指導担当の主任教諭として、❸課題となる指導場面や不安をもったことなどを若手教員同士で共有できる機会を定期的に設定し、若手教員が今後の指導に生かしていけるようにしていく。その際は必ず、主任教諭等の指導的な立場の教員からの助言や支援を行うようにする。このような取組の蓄積により、児童を理解し、寄り添った対応のできる力が若手教員に身に付き、信頼される教員として成長していくことにつながっていく。

【中学校・高等学校・特別支援学校受験者へのアドバイス及び対応】
　校種の実態に応じて、次のような点に留意しながら表現の変更を考えてください。
❶中学校・高等学校等では、若手教員が副担任として先輩の学級担任から指導を受けながら力を付けていくケースが多く、学年組織で指導にあたる場面もあります。全体的な指導についての学びもあります。
❷学年単位の組織の中で育成していくことも多いですが、生活指導担当として、学校全体の組織との関係性を考慮しながら指導体制を構築して、そのなかで研修計画をつくっていく必要があります。
❸生活指導上の課題は、校種によって大きく違い、発達段階や学校における人間関係の背景を十分理解しながら進めていく必要があります。

💡 解説

　生活指導上の課題解決は、教室での学習指導と違い、組織的な連携のなかで行わなければ効果が出にくい面があります。教員ごとに指導内容や指導方針が違っていては、児童・生徒は混乱してしまいます。生活指導は個々の指導場面と学校全体の方針で取り組んでいく場面の両方があり、一定の共通理解に基づいて進めますが、学級内などの個々の場面では、児童・生徒との関わりや関係性が大きく影響してきます。児童・生徒理解に基づいた信頼関係の構築が重要であり、教員の資質・能力の向上が求められています。そのため、組織として日頃より適切な助言や支援が計画的にできる場の設定が必要です。

　また、突発的な事案に対しても支援していける体制の構築も重要です。生活指導の実践では、いつ、どんな場面でも対応していける力が求められています。

（山田修司）

予想問題① 令和5年度
予想問題② 令和5年度
実施問題 令和4年度
実施問題 令和3年度
実施問題 令和2年度
実施問題 平成31年度
実施問題 平成30年度

特別活動担当

（1）担当職務における課題

　特別活動の担当として、新学習指導要領の実施に伴い、学校行事の見直し、精選を行うとともに、特別活動で実施する行事の内容が、教科指導とどのように関連していくのかを、❶カリキュラム・マネジメントの観点からも考えていく必要がある。現任校の実態を見ると、行事等が終わった後に振り返りを行い、次年度での改善に取り組んでいるが、全体的・抜本的な見直しではなく、一部変更等にとどまっている。これらの課題解決のためにも、新しい考えをもち、実行力のある教員の育成が求められ、その体制を構築する必要がある。

①学校行事の見直しと他の教育活動との関連の明確化

　❷新学習指導要領では、授業時数の増加など、これまで以上に授業時数と特別活動の内容とを考える必要がある。そのなかで一番の削減対象となるのが学校行事であり、児童の主体的な活動である児童会活動である。その課題に対して特別活動部の組織として方向性を示し、他の教育活動との関連性のなかでの特別活動の位置付けを再考していくためにも、主体となって取り組んでいける教員の育成が急務である。

②特別活動担当の組織での教員育成

　特別活動において、❸学校行事は教科関係の主任が中心となり実施のための委員会が組織等され、学級活動や児童会は主に特別活動の担当が推進することが多い。そのなかにおいて、教員の資質・能力を育成するための取組が十分行われておらず、体系的・計画的に育成していく必要がある。

（2）課題解決のための取組

①　新学習指導要領では、教科等横断的な視点でのカリキュラム・マネジメントを行うことが求められている。各教科の面からの見直しは、どの教員も日頃の実践から考えて関連付けることはある程度できるが、特別活動との関連性の視点からでは、担当した行事以外は十分な情報のないなかで判断していくことになる。そのためにも、教科との関連性を明確にする情報提供を行う。そのなかで若手教員が自身の教科等横断的なカリキュラムをつくる際、共に考え、作成するための場を提供する。カリキュラムはつくって終わりではなく、行事や活動が終わるごとに、簡単でもよいので関連性がどのように生かされたのかの視点で見直しを行い、次の活動に生かす取組を進める。そのためにも担当者としてきめ細かく助言・支援する場を設けていく。常に会議体を設定して行えな

い場合は、校内ネットワークを活用し、情報共有して進めていく。

② 特別活動において、特別活動担当者のみで全体の教員育成を担うことは、時間的・内容的にも負担が大きい。そのため、特別活動部で、学校行事の担当責任者、学級活動の担当者、児童会の担当者との連携を十分に取って、教員育成のためのプログラムを作成していく。単なる職務内容の伝達でなく、成果と課題の明確化や今後取り組むべき課題について教員としての考えをもたせるなど、実践につながる形での育成内容にしていく。また、特別活動部で検討したことをまとめ、学校での話し合いの場に提案し、共通理解を求めながら、全体としての成案にしていく。そのような取組のなかから、個々の教員が、教科等と特別活動の関連を意識した学習指導を展開していくことも可能である。主任教諭として、このような内容を全体に提示し理解を得ること及び一定の期間での振り返りを大切にしながら、教員一人一人が力を付ける育成につなげていく。

【中学校・高等学校・特別支援学校受験者へのアドバイス及び対応】
　校種の実態に応じて、次のような点に留意しながら表現の変更を考えてください。
❶新学習指導要領では、教育活動の質を向上させ、学習効果の最大化を図るためにカリキュラム・マネジメントに努めることが求められています。中学校・高等学校は教科担任制であるため、より教科の関連性が必要です。どれだけ教科の枠を取り払えるかが課題となります。
❷中学校・高等学校の授業時数は、それぞれ確認しておきましょう。また、特別活動の内容としてみると、部活動の在り方や働き方改革が大きな課題となっています。スポーツ庁・文化庁の「学校部活動及び新たな地域クラブ活動の在り方等に関する総合的なガイドライン」（令和4年12月）を確認しておきましょう。
❸特に体育的・文化的行事は教科担当が担い、集団宿泊的行事は学年が中心となることから、全体的な見直しや検討を行う際には、組織的な対応を慎重に行っていくことが必要となります。

💡 解説

　特別活動の内容についての教員への助言・支援は、場所や機会を十分考えておく必要があります。取組の計画段階や終了後の振り返りの場など、その時に応じた指導を行っていくことも大切です。特別活動は校種によって児童・生徒との関わり方が違ってくるため、主任教諭としての役割もそれぞれです。小学校では全体の計画段階から直接的な指導場面は多くありますが、中学校・高等学校では学年単位での取組も多く、調整役に徹することもあります。教科指導とは違った児童・生徒との関わりのなかで、教員として求められることも多様です。

（山田修司）

予想問題① 令和5年度
予想問題② 令和5年度
実施問題 令和4年度
実施問題 令和3年度
実施問題 令和2年度
実施問題 平成31年度
実施問題 平成30年度

教科担当（算数科）

（１）担当職務における課題

　❶算数の教科主任を担当しており、３年生以上で実施している少人数指導の充実を最大の課題としている。学年構成や少人数授業の担当者が年ごとに代わることから、一定の成果を保障していくためにも、指導内容や指導方法、指導上の工夫などの基礎的な情報を整理し、どの学年になっても円滑に少人数指導が続けられるよう取り組んでいる。

（課題１）少人数指導の体制と担当教員への助言・支援

　少人数指導については、計画的に組織された体制のなかで実施されているが、定期的な検証の機会をもつことが求められている。❷少人数指導の担当者との学年の調整や児童の実態に応じたクラス編制、指導の方法や習熟度に応じた教材の検討なども含め、改善の方策を考えることが必要であり、さらに担当教員の実態に応じた具体的な授業改善への取組も課題である。

（課題２）算数の指導力向上

　教員は経験年数などによって教科指導に違いが出てくる。その差が実際の授業に影響しないよう、一定の指導を保障するため、日頃から指導力向上に向けた取組をしていく必要がある。現在も定期的に打ち合わせをする時間は確保しているが、指導の仕方まで検証し、助言・支援をして深めるところまでには至っていないところが課題となっている。

（２）課題解決のための取組

（解決策１）指導方法・内容の工夫・改善における教員育成

　学校は所属職員が毎年代わり、学年を構成する教員や少人数指導を担当する教員も代わっていく。そのなかで少人数指導の指導方針を共通理解していくためには、明確な計画とそれを実践する意識をもち、検証する機会を確保していくことが求められている。小学校では、教科指導は学級担任の力量に負うところが大きいが、主任教諭としてその向上に積極的に関わることが課題解決のポイントである。少人数指導を行えば、学習内容の習熟の程度、興味・関心に応じた課題学習、補充的・発展的な学習を取り入れるなど、多様な指導が考えられる。それを担うのは担当教員であり、特に若手の教員には積極的に声かけをするなど、授業の中で具体的に助言や支援ができるようにしていく。また、少人数指導担当者と学年での打ち合わせの会にも関わり、資料や情報提供を通して、新しい算数の考え方を理解してもらうようにして教員の育成に努めていく。

（解決策２）教員の指導力向上と個に応じた指導の充実

　❸教員の指導力向上については、その場や時間が限られているため、特に算数の少人数指導に限っては、定期的に行われている少人数指導担当者と学年との話し合いの機会を大切にしていく。指導内容や方法だけでなく、児童個々の情報交換まで踏み込んだ形で実施し、個別のカルテの作成などを指導していく。その上で、そのことをすべての教員が共有できるような形をつくっていく。また、実際の指導の場面を互いに参観できるよう、学期に数回の機会を計画的に設定していく。個々の児童の学習場面や習熟の状況を見極めながら指導を進めていくことで、個に応じた指導を充実させ、教員の指導力向上に結びつけていくことを考えている。小学校では、教科指導は学級担任の力量に負うところが大きいが、主任教諭としてその向上に積極的に関わることが課題解決の重要なポイントである。その上で自己研鑽にも努め、自分自身も成長していく。

【中学校・高等学校・特別支援学校受験者へのアドバイス及び対応】
　校種の実態に応じて、次のような点に留意しながら表現の変更を考えてください。
❶中学校・高等学校では、教科主任として同じ教科内の教員に働きかけることはありますが、小学校のように学級担任と教科指導について話し合ったりすることはありません。
❷小学校では少人数指導担当者と各学年の教員との打ち合わせが大事ですが、中学校では教科担任間での連絡・調整となります。特別支援学校では、複数の教員が児童・生徒の状況に応じてグループ分けをして指導するケースも多くあり、教科主任が関わっていくことも多々あります。
❸中学校・高等学校は各教科所属の教員に対して行いますが、教科指導以外の内容は、各学年主任や領域担当が担います。

💡 解説

　中学校・高等学校と小学校では、教科担任制等の関係で、教科主任の役割や実際の働きに違いがあり、そのことを踏まえて論述する必要があります。教員の授業に関する指導や育成も、学校全体の組織で行うより各教科に委ねられる部分も多く、教科主任が負う責務も大きくなっています。小学校の場合は、学級担任が多くの教科を指導するため、教科主任からの指導方法の工夫などの情報提供などが重要になります。逆に直接的な指導の場面は教科主任よりも、学年などが負うことが多くなっています。令和３年の中央教育審議会答申でも「ICTの活用と少人数学級を両輪としたきめ細かな指導」の必要性が示されており、今後、少人数教育をはじめ様々な指導形態を柔軟に取り入れていくことが求められています。

（山田修司）

学年経営担当

（1）課題

学年主任としての教員への助言や支援については、学校全体のOJTに位置付けられた内容や方法で行っており、学校経営方針の具体化に向けて、❶学年経営方針を策定し、学年全体を見通した運営を行っていくことが求められている。学年を構成する教員は経験年数や指導力において差がある。学習指導や生活指導の面で、一定の成果が望める教育実践を進めていくことが課題となっている。

（課題1）教員の指導力向上のための助言と支援の工夫

現在、所属している学年は、「基礎形成期」に該当する教員経験1校目の若手教員がほとんどである。日々の学習指導や児童との関わりにも不安や悩みを抱えており、学年主任として日常的に個々の助言や支援を行っている。OJTでの指導も決められた通り行っているが、さらに実効性のあるものにするための見直しや内容の工夫が求められている。

（課題2）❷学習指導・生活指導の基礎的な指導力の育成

若手教員は教育実習等で学習指導や児童との関わりについて一応の経験をして学んできているが、実際に教員となって多様な児童の実態に直面すると、柔軟な対応ができず、児童からの信頼を失う心配がある。日々の教育実践を通して、若手教員の指導力を計画的・組織的に育成する必要がある。

（2）課題解決のために

（解決策1）若手教員の指導力向上には、個々の状況の把握と課題解決のための方策の検討が大切になってくる。一人一人と話す機会を意識的にもつようにし、不安や悩みに対して、すぐに具体的な対応策を一緒に考えていくようにする。❸時間割を検討し、定期的な授業参観やそれに基づく具体的場面での指導を継続していく。個々の教員が課題となることについて、指導の工夫を考え、必要な資料を準備し、実践した後に振り返る。PDCAサイクルに当てはめながら進めることでよりよい効果が得られ、教員の指導力向上につなげていく。

また、互いの実践を交流する機会を定期的にもち、そこでの助言や支援を大切にしていく。そのためにも日々の課題や実践がわかるように資料をフォーマットで電子データ化し、短時間で交流する工夫も行っていく。指導力はすぐに身に付くことがないので、日々の積み重ねと児童の変容を糧としながら、主任教諭としての責任を果たしていく。

（解決策2）児童同様、若手教員についても実態を把握する必要がある。学習

指導・生活指導のどのようなことが課題となり、実際の指導場面での児童との関わりはどうなのかを知っておくことが大切である。個々の状況に応じた育成プログラムを作成することで、時間的・内容的にも効率的な育成につながっていくと考える。学校の教育活動では、時間的余裕があまりないため、ＩＣＴを活用して課題や振り返りのデータ蓄積と交流を進め重点化することで効率化を図る。また、授業参観やその他、直接の助言や支援場面をあらかじめ決めるとともに、文書等で支援できるところは簡潔化するなど、内容の軽重も考えて取り組んでいく。若手教員個々が抱えている課題は共通ではない。若手一人に抱え込ませるのではなく、学年会等で課題を出し合い、様々な対応方策を互いに考え実践していくことで、各自の指導力向上につなげていく。職員室での学年ごとの机の配置を工夫して話をしやすい環境づくりに努め、助言や支援の充実に取り組んでいく。

【中学校・高等学校・特別支援学校受験者へのアドバイス及び対応】
　校種の実態に応じて、次のような点に留意しながら表現の変更を考えてください。
❶中学校・高等学校などの場合は、学校行事や生活指導面での共通理解は十分に行われますが、学習指導については、教科担任制のため、教科の内容についてまで深く共通理解を求めることはありません。これに対し、生活指導では全体の方針を明確にして組織的・計画的に対応することで効果を上げていきます。
❷中学校・高等学校では、学習指導の助言や支援は教科ごとに行うことがほとんどですが、生活指導は学年を単位とし副担任として学んでいくことが多くあります。全体的な組織では概要的な内容で育成することが中心となります。
❸中学校・高等学校では、一人一人の教員の持時数が小学校より少ないため、計画的な育成時間の設定がしやすいと言えます。

💡 解説

　学年組織は、校務ごとに担当職務を分担しているなかにあって、学校運営の中核となり、教育活動の全ての要素を集約しています。学年単位での活動や学校行事に取り組むことが多く、学年所属の教員の意向を受け止め、円滑に進めていくことが求められています。学年の段階で集約し判断をすることも多く、学年主任として求められる役割は多岐にわたっています。そのため、年度当初には明確な学年経営方針を示し、状況を把握し、振り返りをしながら、PDCAサイクルを活用して学年の組織運営にあたっていきます。小学校の場合は６学年あり、経験年数の少ない教員が主任職を担うこともありますが、中学校・高等学校等では１年生から３年間、学年組織を継続していく場合が多くあります。　　　（山田修司）

予想問題①　令和５年度
予想問題②　令和５年度
実施問題　令和４年度
実施問題　令和３年度
実施問題　令和２年度
実施問題　平成31年度
実施問題　平成30年度

特別支援教育（特別支援教室）担当

（1）担当職務における課題

特別支援教育の担当として、❶特別支援教室の運営を担っている。また、特別支援教育コーディネーターとしても課題対応にあたっている。学習指導要領では、インクルーシブ教育の進展に伴い、個々の児童の障害の状態等に応じた指導内容や方法の工夫を組織的かつ計画的に行うよう述べられている。その推進には、教員の指導力が重要であり、しっかりとした組織体制のなかで育成していくことが大きな課題となっている。

（課題１）特別支援教育の内容についての理解推進

特別支援教育に関しては、インクルーシブ教育の推進や発達障害における多様な児童の実態に応じた指導が求められている。また、特別支援教室を運営していくなかで、❷特別支援教育を担当する教員だけでなく、学校全体として理解を推進していく場や機能が必要となってくる。単なる研修の機会だけでなく、個々の事例に関するケーススタディや連携・調整のための体制等を考え、教員を育成していく必要がある。

（課題２）児童理解に基づく指導

個々の児童の学習面や行動面での困難性に応じた指導上の工夫を考えていく必要がある。すべての教員が障害に関する知識や配慮等についての正しい理解と認識を深め、組織的に対応していくことが大切である。これまでの経験値に基づいた指導ではなく、教員一人一人が特別支援教育の内容を理解できるよう、多様な場で組織的に教員育成できる場をつくっていく必要がある。

（2）課題解決のために

① 障害のある児童を担任することは通常の学級においても多々あり、❸合理的配慮に基づいた保護者との関わりも重要になっている。そのようななかで、特別支援教育に関する理解を全教員が共通認識する必要があり、組織で教員の育成を進めていかねばならない。学校全体の研修の場での概要的な内容の理解だけでなく、支援の必要性や内容、指導の状況や保護者との対応など、細かい内容についても理解を進めていくことが求められている。

担当主任として、理解推進のための情報提供、個々の指導や対応についての相談にも乗れるようにしていく。さらに、双方向の理解推進とするため、校内での連絡体制をつくり、困った時に常に活用できるよう工夫を図る。教員個々の力が十分発揮できる育成体制の充実を目指していく。

② 　特別支援教育においては、障害の状態により児童一人一人の学習上・生活上の困難は異なることに十分留意し、適切な指導を行うことが求められる。障害の種類や程度によって一律に指導内容や方法が決まるわけではない。このことを踏まえて、私は特別支援教育コーディネーターとして、学校全体の特別支援教育の体制を構築するとともに、教員の育成を進め、実態に応じた指導をどこでも保障できるようにしていく。また、学級内において子供たちの温かい人間関係づくりに向けて、特別な支援の必要性の理解を進め、認め合い支え合う関係を築いていく。そのために、担任を含む教員間においても、合理的配慮等の必要性の共通理解と連携に努めていく。さらに、児童が安心して学校生活を送り、困難を軽減できるよう、個別の指導計画の作成や特別支援教室との連携等をはじめ、指導内容・結果・振り返り等を資料としてまとめて教員間で共有する。教員が困った時は助言・支援を行い、日常的に教員育成に努めていく。

【中学校・高等学校・特別支援学校受験者へのアドバイス及び対応】
❶高等学校や特別支援学校での設置はありません。
❷小学校・中学校は特別支援教育の体制は同じですが、高等学校は義務教育ではなく、個々の学校の事情が違うため、特別支援教育の体制も違ってきます。逆に、特別支援学校は学校そのものがその体制を担っています。
❸障害のある児童・生徒が他の児童・生徒と平等に「教育を受ける権利」を享有・行使することを確保するために、必要かつ適当な変更・調整を行うことであり、障害のある子供に対し、その状況に応じて、学校教育を受ける場合に個別に必要とされるものです。

💡 解説

　特別支援教育の課題は、学校・校種によって様々であり、特別支援学級の設置校・非設置校によっても違いがあります。小学校・中学校においては特別な支援を必要とする児童・生徒の数は増加しており、特別支援教室の設置により、発達障害への対応も変化してきています。そのため、指導を担っていく教員の特別支援教育への理解と、児童・生徒への的確な指導を保障するための教員育成は急務です。

　個々の児童・生徒の状況は異なり、綿密な把握と具体的な対応策をつくるためにも、学校全体の体制づくりのなかで、主任教諭として教員への助言と支援を明確にしていくことが求められています。　　　　　　　　　　　（山田修司）

平成31年度
実施問題

　次の問題について、合計43行（1,505字）以内で述べなさい。ただし、35行（1,225字）を超えること。

　主任教諭、主任養護教諭には、学校の教育課題解決に向けた体制づくりや教員一人一人の資質・能力の向上を図るために、
・　校務分掌などにおける学校運営上の重要な役割
・　指導・監督層である主幹教諭の補佐
・　同僚や若手教員への助言・支援などの指導的役割
を担うことが求められています。

（1）あなたの担当する職務において、児童・生徒理解を基に、実践的・効果的な指導を行う上で、課題となることは何か、2点挙げて、その理由を述べなさい。

（2）（1）で述べた課題を解決するために、あなたは主任教諭、主任養護教諭としてどのように取り組むか、あなたの実践・経験に触れながら具体的に述べなさい。

▶出題の背景

　今日、社会は急速に変化しています。また、将来の予測が非常に困難になってきています。そのようななかにあって、これからの世の中を生き抜いていくには、一人一人が持続可能な社会の担い手として、その多様性を原動力とする質的な豊かさを伴った個人と社会の成長につながる新たな価値を生み出していくことが期待されています。

　すなわち、子供たちが様々な変化に積極的に向き合い、他者と協働して課題を解決していくことや、様々な情報を見極め、知識の概念的な理解を実現し情報を再構成するなどして新たな価値につなげていくこと、複雑な状況変化のなかで目的を再構築できるようにすることなどが求められています。

　これらのことをどのようにして実現させていくのか、教育の現場から考察し、提言していくことの重要性が出題の背景となっています。

▶出題のねらい

　「教育は児童・生徒理解に始まり児童・生徒理解に終わる」とよく言われますが、「終わって」しまっては元も子もありません。理解したら、それを次なる指導に生かすことが大切です。いわゆる「指導と評価の一体化」です。そのサイクルを円滑に進めるにはどうあったらよいか、ということについて、教師としての見識が求められています。

　本設問における「児童・生徒理解」は評価（子供の見取り）であり、「実践的・効果的な指導」とは充実した教育活動の方途であると捉えます。これを、「学校の体制づくり」「教員一人一人の資質・能力の向上」などの観点から主任層としてどのように取り組むか、自分の見解を述べることとなります。

（大原龍一）

予想問題①　令和5年度

予想問題②　令和5年度

実施問題　令和4年度

実施問題　令和3年度

実施問題　令和2年度

実施問題　平成31年度

実施問題　平成30年度

143

研究・研修担当

　校内研修は、それぞれの学校の教育課題の解決に向けて全教職員で取り組む活動であり、組織的・計画的に行われなければならない。新学習指導要領が全面実施された今、現任校の課題は学習指導要領の趣旨の具現化である。特に児童理解に基づく「主体的・対話的で深い学び」の実現が最大の課題であり、校内研究のテーマに取りあげて2年目になる。私も研究推進委員の一員として社会科の研究授業を行い、テーマに即した授業の在り方を提案した。しかし、そうした考え方が全教職員に浸透しているとは言い難い状況にある。

（1）児童理解に基づく授業改善を進める上での二つの課題

①授業の基盤となる児童理解が不足している教員

　指導する教師と学習する子供との間に信頼関係がなければ、授業は成り立たない。そうした信頼関係を築くことは、「主体的・対話的で深い学び」の実現といった授業改善以前の問題であり、そのために児童理解を深めることが重要となる。しかし、そうした児童理解ができていない若い教員が在籍している。そうした教員に、授業を成り立たせるための基本的な考え方や方法を身に付けさせることが、研究推進委員会でも課題となっている。

②教師中心の従来の授業観から抜け出せない教員

　学習指導要領が示す「主体的・対話的で深い学び」の実現に向けた授業改善のためには、子供を主体にした授業を展開していくことが基本である。しかし、知識を順序立てて教え、身に付けさせていくことが授業であるという従来の授業観から抜け出せない教員も存在する。それは50歳代のベテラン教員であり、彼らからは子供の扱い方など学ぶ点も多い。そうした教員に児童理解に基づく授業改善の必要性をどう理解させるのかが課題となっている。

（2）研究・研修を担当する主任教諭としての取組

①児童理解に基づく学習指導力の育成

　東京都教員育成指標でも、教員が身に付けるべき力の第一に「学習指導力」が挙げられ、「児童・生徒の学習の状況や指導計画・評価計画を振り返り、授業改善を図ることができる」「児童・生徒の興味・関心を引き出し、個に応じた指導ができる」ことなどが示されている。その基盤は一人一人の児童理解にある。これまでも、学年主任と一緒に授業観察を行い、必要に応じて指導してきたが、改善しているとは言い難い状況にある。その原因は、日々の授業を児童理解に基づいて客観的に振り返り、改善に結びつける行動がとられていない

ことにあると考えている。今後は、この育成指標に基づいて児童理解をすることの重要性を自覚させ、学年主任と協力して授業観察を続け、具体的な指導と助言を行っていく。

②児童理解に基づく授業観への変容

　授業に対する考え方が固定化している教員には、授業観を変えてもらうことが不可欠である。これまでも児童理解に基づく授業の重要性を様々な場で伝えたつもりであった。しかし、長い経験に基づいて指導を行うベテラン教員に納得してもらうことは困難であった。そこで、教務主任を講師として、学習指導要領の趣旨に関する全体研修会を開催していただいた。今後は、外部の講師を招聘して児童理解に基づく授業に関する研修会の開催を教務主任に提言する。

　児童理解に基づく授業改善が学習指導要領の要であるという信念のもと、管理職や研究主任の指導を受け、校内研究・研修の推進に取り組んでいく。

【中学校・高等学校・特別支援学校受験者へのアドバイス及び対応】

　本解答例は、全教科を担当する小学校の事例をもとに作成してあります。教科担任制をとる中学校や高等学校では、生徒理解に加えて各教科の特性をどう生かしていくのかなどが大きな課題になると考えられます。したがって、各教科主任等の考え方を把握し、調整していくことが必要となるでしょう。また、特別な教育課程を編成する特別支援学校では、児童・生徒理解に基づく授業改善の考え方が一層重要であり、それを具体化する方法が求められます。

　しかし、解答例で挙げた「児童理解に基づく学習指導力の育成」や「児童理解に基づく授業観への変容」は、全ての校種に共通することです。自校の実態に即してこの解答例を修正し、解答の作成に生かしていただきたいと思います。

💡 解説

　校内研修は、それぞれの学校の教育課題の解決に向けて全教職員で取り組む活動です。したがって、組織的・計画的に行う必要があります。特に「主体的・対話的で深い学び」の実現に向けた授業改善は、学習指導要領の趣旨の具現化の要であり、校内研究で取りあげている学校も多いと思います。その実現のためには、一人一人の教員の学習指導力を高めることが必要です。

　主任教諭として、管理職や教務主任、研究主任などの指導を受け、綿密な調整を図りながら、研究・研修を企画・立案していくことが重要となります。

（佐藤正志）

予想問題①　令和5年度
予想問題②　令和5年度
実施問題　令和4年度
実施問題　令和3年度
実施問題　令和2年度
実施問題　平成31年度
実施問題　平成30年度

教科担当（算数科少人数指導、家庭科）

　今年度、私は育休明けと同時に現任校に異動してきた。産休に入る前に算数科の「東京教師道場」にも行かせていただいていた経験から、第3学年以上の算数科少人数指導を担当させていただいている。また、全学年単学級という小規模校でもあり、家庭科の授業も受けもっている。以下、校務分掌に関わって「指導と評価の一体化」の観点から課題と方策について述べる。

（1）課題
①₁授業の質的改善と確かな学力の定着

　新教育課程の目玉は「主体的・対話的で深い学び」の実現である。その中心となるのが日々の授業である。しかし、自らの授業を子供の学びの様子からきちんと評価し、それを次なる授業へ改善しようという機運が十分ではないと感じる。特に算数科においては、教科書に掲載されている内容を指導書通りに教え込む授業が多い。また、学力観についても知識・理解の側面に偏った見方をする教員も多く、「深い学び」について子供たちの実態から改善策を模索しようとする機運が見られない。言ってみれば旧態依然とした授業観に止まっている。

②₁教科の特質や今日的課題、目指す方向性などを理解し学ぼうとしない教員

　令和2年度から完全実施となった新学習指導要領の趣旨や今後を見据えた学習の在り方などがきちんと把握されていない。家庭科についてのイメージも、「裁縫と料理」といった従来の概念で捉えている保護者や教職員もいる。また、教育課程についての理解とさらなる充実に向けた全校的な取組が弱い。例えば年度末の反省にしても、意見の裏付けとなるものは今までの経験と勘が中心で、子供の実態や学びの様子など児童理解に徹して得られた知見からの改善策がなかなか出てこないのが現状である。変化への対応力が弱い。

（2）解決のための方策
①₁魅力ある算数科学習への取組の強化

　少人数における習熟度別学習は、ともすると「できた・できない」といった技能・知識面の学習に偏りがちである。しかし大切なことは、子供一人一人の学習のプロセスを大切にすることである。私は、学年会にお邪魔するなどして先生方と密な打ち合わせを行い、算数科の教材研究を協働で深めていく。そこでは、事前のプレテストなどを行い、子供たちの算数科におけるレディネスをきちんと把握するよう助言する。それでこそ次なる指導の手立てが講じられる。また、各学年の「算数科年間指導計画」について、カリキュラム・マネジメン

トの視点から再度見直し、系統的な指導の充実に努める。特に若手教員には、私のこれまでの研究・研修で得た経験を役立ててもらうよう働きかける。

② ❷新教育課程の趣旨の徹底とこれから期待される学力観の定着

　新教育課程の完全実施に伴って、各教科の内容も大幅に変更された。したがって、これからの子供たちの学習評価も今までとは異なってくる。特に各教科においては3観点別評価となる。このような時期だからこそ、毎年実施している「年度末学校評価」に改善の手を加えなければならない。特に教科主任という立場から、教務主任を補佐しながら子供たちの実態、さらには地域や保護者等の願いなどを含みながら次年度教育課程への改善に向け努力する。また、家庭との連携も大切である。家庭科における子供の学びの様子や教師が見取った子供たちの「よさ」などを「家庭科通信」に掲載し配布するなどして家庭への啓発に努める。

【中学校・高等学校・特別支援学校受験者へのアドバイス及び対応】
❶教師の授業力とともに子供一人一人の学力の向上を図ることは、どの校種どの教科についても言えることです。そして、それが目に見える形となって表れることにより、教師としてのやりがいも出てくるものです。やはり子供たちの実態を様々な方法できちんと把握し、その実態に基づいた指導の手立てを教科、校種の特質に応じて記述することが望ましいと考えます。
❷どこの学校でもルーティン化された「年度末学校評価」が行われています。話し合いのもとになるデータや調査項目は毎年同じです。しかし、子供の実態は毎年異なるはずです。このようなところにメスを入れて論述するのもよいでしょう。実態把握の仕方を様々に工夫することが求められます。

💡 解説

　授業とその大本になる教育課程の見直し、改善を中心に述べています。私たち教師は常なる授業改善に取り組み、子供たちに質の高い学習を提供することが大きな使命です。しかし教員は自らを変革することに臆病になってしまう面がどうしても拭いきれません。子供の健やかな成長（特に学力の向上）を目指すことを第一に据え、日々、授業改善に努めたいものです。また、新教育課程の完全実施、「指導と評価の一体化」に向け、全教職員で組織的に取り組みたいものです。

（大原龍一）

予想問題①　令和5年度
予想問題②　令和5年度
実施問題　令和4年度
実施問題　令和3年度
実施問題　令和2年度
実施問題　平成31年度
実施問題　平成30年度

情報教育（ICT）担当

　学習指導要領では、情報教育に関してコンピュータや情報通信ネットワークなどの環境を整えること、これらを活用した学習活動の充実を図ることが述べられている。また、プログラミングの体験を通して論理的思考力を身に付けさせることも示している。未来に生きる子供たちを育てる学校教育において、情報に関する教育は欠かすことができない。私は、「主体的・対話的で深い学び」の実現に向けた授業改善のために、児童理解に基づいてコンピュータや情報通信ネットワークの活用が必要であると考え、情報教育の充実に取り組んできた。

（1）児童理解に基づく情報教育を充実させるための二つの課題

①情報教育以前の基本的な指導力不足

　教師は、一人一人の子供の問題意識に基づいて授業を構成していかなければならない。そうした柔軟な考え方をもっていなければ、個に応じた授業は成り立たない。それは、情報機器を活用して「主体的・対話的で深い学び」を実現する以前の問題であり、教師としてよい授業を創り出すための基本的な責務である。現任校には、それができていない若い教員が在籍している。そうした教員に、児童理解に基づく授業を創り上げるための基本的な方法を身に付けさせることが課題となっている。

②コンピュータなどは必要ないという考え

　学習指導要領が示している「主体的・対話的で深い学び」の実現に向けた授業改善をしていくためには、子供を主体にした授業を展開していくことが基本である。そのために、児童理解に基づいて情報機器を活用することは大きな意義がある。しかし、知識を順序立てて教え、身に付けさせていく教師中心の指導という従来の授業観から抜け出せないベテラン教員も存在する。そうした教員に情報機器活用の重要性をどう理解させるのかが課題となっている。

（2）情報教育を担当する主任教諭としての取組

①基本的な学習指導力の育成

　東京都教員育成指標でも、教員が身に付けるべき力の第一に「学習指導力」が挙げられ、「児童・生徒の興味・関心を引き出し、個に応じた指導ができる」ことが示されている。これまでも教務主任や学年主任などが指導してきたが、改善しているとは言い難い状況にある。その原因は、一人一人の子供の問題意識に対応した多様な授業形態を考えられないことにある。そこで、情報機器を活用して一人一人の問題意識に対応した授業の事例を紹介し、その有効性を示

していく。また、実際に私がコンピュータなどを活用した授業を行い、それを参観させて児童理解に基づく授業の方法を学ぶ機会を設定する。

②学習指導要領の考え方に基づく授業観の変容

　教師中心の授業という考えが固定化している教員には、授業観を変えてもらうことが不可欠である。これまでも、研究推進委員会から学習指導要領の考え方に基づく授業についての情報が提供されてきた。しかし、長い教員経験をもつベテラン教員に理解してもらうことは容易ではない。そこで、情報教育の担当者として、学習指導要領の趣旨に関する全体研修会で児童理解に基づく情報教育の重要性について学ぶ機会を設定する。また、児童の実態に応じた様々な情報機器の活用方法を学ぶ実技研修会も開催する。

　　これからの時代に即した教育を行っていくには、児童理解に基づく情報機器の活用が欠かせない。管理職の指導を受け、情報教育の拡充に取り組んでいく。

【中学校・高等学校・特別支援学校受験者へのアドバイス及び対応】
　本解答例は、全教科を担当する小学校の事例をもとに作成してあります。教科担任制をとる中学校や高等学校では、教科の指導内容として情報機器を扱う教科がありますので、それとの関係で情報機器の活用を考えていく必要があります。また、各教科等の特性に基づいて活用を考える必要もあるでしょう。したがって、各教科主任等の考えや考え方を把握し、調整していくことが必要となります。また、特別な教育課程を編成する特別支援学校では、情報機器の活用は指導法の改善に効果的ですので、その視点からの検討も必要となります。
　しかし、解答例で挙げた「基本的な学習指導力の育成」や「学習指導要領の考え方に基づく授業観の変容」は、全ての校種に共通することです。自校の実態に即してこの解答例を修正し、解答の作成に生かしてください。

💡 解説

　情報教育には、教育の目的としての情報機器の活用と教育方法としての活用があります。その両者をしっかりと区別して、情報教育に取り組んでいく必要があります。そのために、学校としての情報教育の考え方を明確にしなければなりません。プログラミング教育についても、自校の実態に即した計画を立てることが必要です。管理職や教務主任などの指導を受け、体系的な情報機器の利用計画、情報教育推進計画などを作成することが重要です。　　　　　（佐藤正志）

予想問題① 令和5年度
予想問題② 令和5年度
実施問題 令和4年度
実施問題 令和3年度
実施問題 令和2年度
実施問題 平成31年度
実施問題 平成30年度

学校図書館担当

　学校図書館の目的は「教育課程の展開に寄与するとともに、児童又は生徒の健全な教養を育成すること」であり、「主体的・対話的で深い学び」の実現に大きな役割を果たすことが期待されている。そのため学習指導要領でも、学校図書館を活用して、自主的・自発的な学習活動や読書活動を充実させることの重要性が示されている。私は学校図書館の担当者として、児童理解に基づいて学校図書館を活用し、「主体的・対話的で深い学び」を実現することを全校に広める努力をしてきたが、それがなかなか進まない実態がある。

（1）児童理解に基づく学校図書館を活用した授業の実現に向けた課題

①児童理解に基づいた指導の方法が身に付いていない教員

　教師は、一人一人の児童の問題意識に基づいて授業展開を考えていかなければならない。そのために、的確な児童理解ができていなければ、授業改善に結びつかない。それは、学校図書館を活用した授業改善以前の問題であり、教師としてよい授業を創り出すための基本的な要素である。現任校には、それができていない若い教員が在籍している。そうした教員に、児童理解に基づく授業を創り上げるための基本的な考え方を理解させ、児童理解に基づく指導の方法を身に付けさせることが課題となっている。

②知識理解を中心とした従来の授業観から抜け出せない教員

　「主体的・対話的で深い学び」の実現に向けた授業改善を推進していくためには、児童理解を深めて児童を主体にした授業の展開が基本である。しかし、知識を順序立てて教え、身に付けさせるだけで十分であるという従来の授業観から抜け出せないベテラン教員も存在する。そうした教員に児童理解をもとに学校図書館を活用することの重要性をどう理解させるのかが課題となっている。

（2）学校図書館を担当する主任教諭としての取組

①基本的な学習指導力の育成

　東京都教員育成指標でも、教員が身に付けるべき力の第一に「学習指導力」が挙げられ、「児童・生徒の興味・関心を引き出し、個に応じた指導ができる」ことが示されている。このことについて、これまでも学年主任などが指導してきたが、改善しているとは言い難い状況にある。その原因は、児童理解を深めて一人一人の子供の問題意識に対応した多様な授業展開ができないことにある。そこで、学校図書館を活用して一人一人の問題意識に対応した授業の事例を紹介し、その有効性を示していく。また、実際に私が児童理解に基づいて学校図

書館を活用する授業を行い、多様な授業の方法を示す。

②学習指導要領の考え方に基づく授業観の変容

　授業に対する考え方が固定化している教員には、児童を中心とした授業観に変えてもらうことが不可欠である。これまでも、研究推進委員会から学習指導要領の考え方に基づく授業についての情報が提供されてきた。しかし、長い経験に基づき教育活動を行うベテラン教員に理解してもらうことは容易ではない。そこで、学校図書館担当者として、児童理解に基づく授業と学校図書館の活用に関する全体研修会を開催する。また、学校図書館の活用方法について、実技研修会も開催していく。

　授業改善の推進のためには、児童理解と学校図書館の活用は欠かせない。私は管理職や研究主任の指導を受け、児童理解に基づく学校図書館活用の拡充に積極的に取り組んでいく。

【中学校・高等学校・特別支援学校受験者へのアドバイス及び対応】

　本解答例は、全教科を担当する小学校の事例をもとに作成してあります。教科担任制をとる中学校や高等学校では、各教科等の特性に基づいた児童・生徒理解と学校図書館の活用について考えていく必要があります。したがって、各教科主任等の考えや考え方を把握し、調整していくことが必要となります。また、特別な教育課程を編成する特別支援学校では、その考え方や具体的な取組も異なっていると思われます。そこでは、学校全体での調整が重要となります。

　しかし、解答例で挙げた「基本的な学習指導力の育成」や「学習指導要領の考え方に基づく授業観の変容」は、全ての校種に共通することです。自校の実態に即してこの解答例を修正し、解答の作成に生かしていただきたいと思います。

💡 解説

　学校図書館は、読書のための施設と固定的に考える傾向があります。学習指導要領の趣旨に基づき、そうした古い考え方を変えていく必要があります。それが、学校図書館担当者の最大の役割です。学校図書館がもつ3つの機能の具体的な姿を示し、学校全体に学校図書館の活用を広げていく必要があります。校長は学校図書館長としての役割も担っていますので、管理職や教務主任などから指導を受け、学校図書館の活用計画などを作成することも重要です。　　　　（佐藤正志）

栄養教諭

　栄養教諭は、子供の心身の健康の維持と発達のための重要な役割を担っており、そのために子供たちに健全な食習慣を確立させることが重要である。しかし近年、家庭の教育力の低下が言われ、食習慣などの基本的な生活習慣が確立していない子供が増加し、現任校においても朝食の欠食や基礎的体力の低下などが指摘されている。子供たちの食習慣など基本的生活習慣の確立は、学習状況にも大きな影響を与えている。学校教育の充実を図っていくためには、児童理解に基づいて、健全な食習慣の確立に全校で組織的に取り組んでいく必要がある。しかし、それが十分にできていない実態がある。

（1）児童理解に基づく健全な食習慣の確立に向けた二つの課題
①健全な食習慣の重要性に関する理解不足

　適切な運動、調和のとれた食事、十分な休養・睡眠が子供の成長には不可欠であり、基本的生活習慣の乱れが、学習意欲や体力・気力の低下の要因の一つとなっていることは文部科学省も指摘しているところである。それは、学習の成果にも大きな影響を与えている。しかし、健全な食習慣を確立することの重要性を十分に理解していない実態がある。児童理解に基づいた健全な食習慣確立の重要性を浸透させることが、栄養教諭としての課題となっている。

②健全な食習慣の確立は学校の役割ではないという教員の存在

　一人一人の子供たちの健全な食習慣を確立していくためには、保護者や地域への啓発活動を含めて、全校で組織的に取り組んでいく必要がある。健全な食習慣を身に付けさせるためには、児童理解に基づいた学校での指導が重要である。しかし、それは家庭の役割であり、学校は、学力を身に付けさせるための指導に専念すべきであると主張する教員が存在する。そうした考えを排し、学校と家庭が一体となって健全な食習慣を確立させることが必要である。

（2）健全な食習慣の確立に向けた主任栄養教諭としての取組
①健全な食習慣の重要性に関する教員の意識の向上

　子供たちの学習や生活の基盤となる基本的生活習慣を確立することの重要性は文部科学省も指摘しているところであり、基本的生活習慣の乱れが学習意欲や体力・気力の低下の要因の一つとなっている。その重要な要素が、食習慣である。児童理解に基づいて食に関する指導を充実させることの重要性を担任の教員に理解してもらうために、情報提供に努める。養護教諭と協力して全国学力・学習状況調査の結果を分析し、基本的生活習慣と学力との関係を明らかにする。

また、校内研修会において外部講師を招聘し、健全な食習慣の重要性について研修する機会を設けるよう提言する。

②学校と家庭とが一体となって子供を育てるという教育観の浸透

　学習指導要領でも、学校と家庭や地域との連携・協働の重要性を強調している。確かに、子供の食習慣の確立は学校だけで担うものではないことは明らかである。しかし、児童や家庭の現状を考えると、学校が果たすべき役割は少なくない。そこで主任栄養教諭として、学校内外に的確な情報の提供と、具体的な指導方法の提示を行う。そのなかで、児童理解の重要性を強調し、学校と家庭の役割を明確にしていく。保護者会や学級だよりを活用するとともに、学校保健委員会なども活用し、啓発活動を行っていく。

　健全な食習慣の確立が児童の学習や生活の基盤であるという信念のもと、管理職や保健主任の指導を受け、組織的・計画的な指導の充実を図る。

【中学校・高等学校・特別支援学校受験者へのアドバイス及び対応】
　本解答例は、小学校の事例をもとに作成してあります。しかし、中学校や高等学校においても、健全な食習慣を確立することの重要性は共通します。また、特別な教育課程を編成する特別支援学校では、健全な食習慣の指導自体が、重要な指導内容にもなります。そこでは、子供の障害の状況に応じた個別の指導が必要となります。
　しかし、解答例で挙げた「教員の意識の向上」や「学校と家庭とが一体となって子供を育てる」といった考え方は、全ての校種に共通することです。子供の発達段階や学校の実態に即してこの解答例を修正し、解答の作成に生かしていただきたいと思います。

💡 解説

　学校給食法では、「学校給食の普及充実」に加えて「学校における食育の推進」が規定されています。同法では、「適切な栄養の摂取による健康の保持増進を図ること」「日常生活における食事について正しい理解を深め、健全な食生活を営むことができる判断力を培い、及び望ましい食習慣を養うこと」などが示されています。健全な食習慣を確立するためのポイントは、家庭や地域との連携・協働、全校体制での推進にあります。

　主任栄養教諭として、管理職や保健主任などの指導を受け、綿密な調整を図りながら、健全な食習慣の確立のための教育活動を企画・立案していくことが必要となります。　　　　　　　　　　　　　　　　　　　　　　　（佐藤正志）

予想問題①　令和5年度
予想問題②　令和5年度
実施問題　令和4年度
実施問題　令和3年度
実施問題　令和2年度
実施問題　平成31年度
実施問題　平成30年度

平成30年度
実施問題

　次の問題について合計43行（1,505字）以内で述べなさい。ただし、35行（1,225字）を超えること。

　主任教諭、主任養護教諭には、学校の教育課題解決に向けた体制づくりや教員一人一人の資質・能力の向上を図るために、

　　・　校務分掌などにおける学校運営上の重要な役割

　　・　指導・監督層である主幹教諭の補佐

　　・　同僚や若手教員への助言・支援などの指導的役割

を担うことが求められています。

（1）あなたの担当する職務において、担当する業務の進行管理や調整を図る上で、課題となることは何か、2点挙げて、その理由を述べなさい。

（2）（1）で述べた課題を解決するために、あなたは主任教諭、主任養護教諭としてどのように取り組むか、あなたの実践・経験に触れながら具体的に述べなさい。

▶出題の背景

　主任教諭制度が導入され15年が経過し、主任教諭に期待されることも明確になってきています。また、学校には主任教諭の数が増え、校務分掌上の主任は主任教諭が担っています。学校組織における主任教諭には、担っている職務の体制づくりや教員の資質・能力の向上にも力を発揮することが求められています。そのことが問題文に掲載されており、主任教諭となった時の自身の取り組む課題や解決方策についても具体的に述べる力が求められています。

　また、主任教諭が担うべきこととして、三つのことが挙げられています。主幹教諭の補佐、若手教員への助言・支援などとあるように、主任教諭が学校組織のなかでミドルリーダーとしての役割を担うことが求められていることがわかります。制度としての導入期ではなく、成熟期・発展期に入ってきたところでの出題となっています。

▶出題のねらい

　出題の前半は数年同じ内容で、主任教諭として担うべき３点が挙げられています。主任教諭の職務をしっかりと認識した上で課題の解決にあたっていくことが求められています。そのことを自覚した上で、自分の考えを実践・経験に基づいて述べていく必要があります。

　次に、後半です。形式は数年間変わっていませんが、主題のテーマとなる内容は年によって変わっています。この年は、担当業務の進行管理・調整となっています。これまでにないテーマですが、主任教諭が組織の中で進行管理・調整をしっかりと遂行しないと、全体への影響が出ることは必然であり、能力として期待されている点であるからだと考えます。これまで教諭として自分の業務を進行管理・調整する場面はあったと思います。その経験から、意識をもって振り返れば、当然課題も出てくるはずです。そのことをさらに主任教諭としての立場で、建設的に述べていくことが求められます。日頃からの取組や振り返りがないと、具体的な考え方が述べられないことになります。

（山田修司）

予想問題①　令和5年度

予想問題②　令和5年度

実施問題　令和4年度

実施問題　令和3年度

実施問題　令和2年度

実施問題　平成31年度

実施問題　平成30年度

教務担当

(1) 課題

　現在、教員経験8年目であり、現任校では3年目である。主に教務担当として教務主任を支える職務を担っている。1校目では経験豊かな先生に指導してもらう場面も多々あったが、異動を機に任される仕事も増え、責任をもって取り組むことや若手教員への助言などを意識しながら職務を進めている。現任校での課題は以下の2点が挙げられる。

①OJTを基盤とした教員育成の体制づくり

　教務担当として、❶初任者を中心とした若手教員の育成研修を行っているが、学年主任や教務主任に任せきりになることも多く、それぞれの役割の連携と調整が課題となり、効果の出ない実態がある。教員の育成は学校にとっての大きな課題であり、充実した教育活動を保障する基盤となるものである。

②会議の精選と時間の有効活用

　学校には❷様々な形の会議体が存在しており、教員の授業準備や児童への指導などの時間確保に影響の出ることも多い。もう一度、会議の設定や内容を見直し、職務の有効な時間活用につなげることが課題である。

(2) 課題の解決のために

　1点目の課題については、どうしても担当者に任せきりで、全体的な調整の場を設定しても決められた内容をこなすだけの形式的なものになりがちである。この改善のため、一人の若手教員について複数の教員が担当し、授業参観や振り返りの時間の設定など、1か月単位でのスケジュールを改めて立てる。授業記録や課題の振り返りなどは、決められた様式を用いて記入し、データを校務用パソコンに記録しておき、全体での振り返りの会までには、担当者全員が目を通しておく。また、会の内容も次の授業や指導等につながる内容に限定し、時間を有効に使って進めていく。

　教務担当としても、これまで記録の蓄積方法や閲覧については、パソコンやメールを活用し、直接教員が集まらなくても調整できる体制を築いてきた。ただ、授業そのものへの指導は主幹教諭である教務主任や学年主任から行う必要もあり、そのためOJTの体制の時間割の調整などは、綿密に行っておく必要がある。授業への指導だけでなく、その他の内容についても年間を通してどのように指導内容を組み立てていくかも考えておくことが大切である。

　次に2点目の課題である会議等の精選については、教務担当として現在取り

組んでいる課題である。学校における教員の働き方改革は喫緊の解決すべきことであり、ワークライフバランスの観点からも教員の勤務については見直していくことが求められている。学習指導やその準備、それ以外の直接的な児童への指導の場面を除けば、時間的な余裕を見つけるためには、校内の会議や委員会、学校行事等の打ち合わせなどの精選や時間の有効活用が必要となってくる。会議等を一律とせず、実施回数・内容・出席者などの要件からランク分けし、時間の配分や提出資料の事前配布、パソコンでも確認できる環境づくりなどを考え、進めていく。また複数の会議を同時に開催できるような曜日設定や出席者の調整、会議の組み合わせを考える。長期休業中などにできる内容については集中的に会議を行うなど、今できることは変革の意識をもって改善していく。それが、有効な時間の活用であり、ゆとりをもった教育活動につながっていくと考えている。

【中学校・高等学校・特別支援学校受験者へのアドバイス及び対応】
　校種の実態に応じて、次のような点に留意しながら表現の変更を考えてください。
❶初任者への育成研修は、教科担任制をとる中学校や高等学校では、同じ教科の担任が中心となって行うことが多くなります。教科指導以外を学年主任や教務の担当者、生活指導の担当者と分けて行う場合が多いため、体制づくりには校種や学校規模の違いによる工夫が必要となってきます。
❷学校の種類や規模によっても会議体は異なっており、そのことを十分に理解して課題解決策を考える必要があります。特に、中学校等では学年を中心とした組織があり、学校全体との連携を考えていく必要があり、特別支援学校では小学部・中学部・高等部などで分かれていることが多く、それぞれの独立しがちな組織の連携・調整をどう図っていくかの課題があります。

💡 解説

　教務担当は学校全体の運営の中心として職務を遂行することが多く、教務主任である主幹教諭の考えや校長・副校長の意向を十分に受け止めて課題解決を目指すことが求められます。その意味から、他の担当主任よりも常に組織体を意識した内容で述べていくことが必要です。
　課題は、自分の所属している学校で直面しているものを挙げます。その課題がどのような改善の道筋をたどっていたのかを明確に描く過程で、具体的な内容が生まれてきます。実際に成果となったことや、これから目指そうとしている内容など、論文を読んだ人が具体的場面を想起できるように工夫しながら述べることが大切です。
(山田修司)

予想問題①　令和5年度
予想問題②　令和5年度
実施問題　令和4年度
実施問題　令和3年度
実施問題　令和2年度
実施問題　平成31年度
実施問題　平成30年度

研究・研修担当

(1) 担当職務における課題

　教員として2校目の現任校では研究推進委員会に所属し、校内研究の推進に取り組んでいる。前任校でも研究授業を行うなどしてきたが、現在は、研究課題を推進するための組織運営を担っている。ここでの問題点は、研究授業の内容が学年に任せられており、全体的な調整が円滑にいっていないこと、また研究したことが日々の教科指導の改善に結びついていないことの2点が挙げられる。決められたことだから行うという意識もあり、何のための研究実践なのかが希薄になっている。児童や新しい教育改革のために授業改善を行うことが求められている。

(課題1) 研究組織の活性化

　研究推進委員会という組織は存在するが、例年通りの運営内容で新たな教育課題を追究していく姿勢は希薄である。日々の教育活動への余裕がなく、研究活動にまで取り組むことができていない現状がある。もう一度、組織の面での欠陥を見直し、現在問われている新たな教育課題に真摯に取り組んでいくことこそが児童の可能性を広げ、保護者や地域の信頼につながっていくと考えている。

(課題2) 教員の資質向上に結びつく授業改善

　自分たちが貴重な時間を割いて行っている授業の実践研究が、日々の授業の改善に十分結びついていないところに課題がある。研究授業を行ったらすぐに成果が出ることはないが、個々の教員が学んだことをどのように授業に活用し、工夫していくかは重要なことである。

(2) 課題解決に向けた取組

(解決策1) 組織の活性化には、中心となって運営するリーダーとそれを支える人材の連携が必要である。推進委員会で話し合われたことが、各分科会で理解を得て、そこでの協議内容が推進委員会にフィードバックされる体制をもう一度検証し、委員会の考えや推進方針を、より具体的な形で実際の授業研究につなげていくことが大切である。また、実践している研究は現在の教育課題の解決に結びつく内容であり、日々の授業に取り入れた事例を発表したり、事前の模擬授業などにも積極的に取り入れられるような場を設定したりしていく。それらのことを誰もが自分のパソコンで確認し、授業に活用できるようなシステムの構築も進めていく。以上は個々の教員の能力向上につながると考える。

（解決策２）研究授業は委員会での方向性を受け、各分科会での協議や授業者の意向を確認しながら、授業案の検討を行う。そのなかで、<u>❸授業の改善が進み、現在の教育課題や学習指導要領の目指す教育の実現に結びつける</u>ことで、さらに個々の教員の資質向上に結びつくと考えている。同じ指導案で同学年の教員も事前の授業をして課題を見つけたり、他の単元や教科での実践事例を収集し、互いに交流する場を保障したりしていく。互いに授業を見合い、振り返ることは教員としては当然の営みであり、そのことが今後の教育活動に有益になるという意識で取り組む必要がある。そのためにも、年間の研究計画だけでなく、研究に関する教員の授業を誰が、いつ行うのかの計画を月ごとに集約し、可能な教員が授業参観したのちに、必ず様式に従って自分の意見や課題、あるいは自己の授業にどのように生かしていくのかをまとめていくことで、学校全体として授業改善に取り組んでいく姿勢を示していく。

【中学校・高等学校・特別支援学校受験者へのアドバイス及び対応】
　校種の実態に応じて、次のような点に留意しながら表現の変更を考えてください。
❶中学校・高等学校の場合は、教科担任制のため研究内容が教科になることは少なく、生活指導、特別活動やキャリア教育などの○○教育になることが多いようです。教科でないために、直接授業の改善に結びつく機会が限られており、小学校ほど授業中心の研究になっていません。
❷研究組織は学年を中心とした形が多く、推進委員会と各学年との連携・調整や方向性の共通理解、実践活動の保障など、常に進捗状況の把握や教員へ周知する体制の構築が重要です。
❸学習指導要領が求める具体的な学習内容や教育課題は、各校種によって異なります。各教科での考え方や進め方では教員の主体性も求められているので、学校全体の課題として十分に取り組んでいけない課題もあることに留意しましょう。

💡 解説

　研究活動は言うまでもなく、教員の重要な職務です。ただ単に法律に示されているから行うというものではありません。日々、授業研究し自己を高めていくことは、教員の資質向上だけでなく、児童・生徒の成長にもつながります。今日のように様々な教育課題の解決が求められているなかで、教育活動に関する研究推進は欠くことができません。半面、組織として研究活動に十分取り組めていない現状もあり、教員の教育活動の時間をより有効に活用していくための体制や運営の改善が求められています。学校組織の一員として自分ができることは何かを常に意識していくことが重要です。　　　　　　　　　　　　（山田修司）

体育・健康教育担当

(1) 課題

　前任校では体育部に所属し仕事をしていたが、現任校異動２年目には❶体育担当の主任として、運動会などの学校行事はもちろん、通常の教科指導の円滑な実施のための体育用具の準備、水泳指導の計画、養護教諭と連携しての健康教育の推進など、多岐にわたる職務を行っている。前任の主任が計画的に進めていたため、すぐに解決すべき課題はないが、若手教員を中心とした組織体制の活性化と、教科の特性を生かし学習指導要領の趣旨を明確にした体育指導計画の見直しの２点を課題として取り組んでいる。

（課題１）若手教員中心の体育部の活性化

　学校全体の経験年数の少ない教員の割合は高くなっており、❷体育に関する校務分掌も若手教員が担うケースが増えている。十分な経験のないなかでの職務分担は、組織による明確な理念をもとに進めていく必要がある。そのためにも、組織の活性化を目指す具体的な取組が必要となってくる。個々の教員の力量を高めるために、ＰＤＣＡサイクルを活用した育成を行っている。

（課題２）学習指導要領に基づいた体育指導の充実

　❸体育は教科書がないために、個々の教師の経験に基づいた指導の場面が目立つ。学習指導要領で決められた内容をきちんと指導していくためにも、その情報や指導方法、内容を効率的に授業に生かしていける体制をつくることで、各教員の指導の支援を行っていく必要がある。その中心となって組織運営をしていくのが主任教諭であり、その立場の重要性を強く認識している。

(2) 課題解決のための取組

（解決策１）一つ一つの取組に対し、計画・実施・振り返り・改善のＰＤＣＡを取り入れていくことで経験のなさを補い、この積み重ねを成果につなげる。主任教諭として、この営みを見える形にし、助言や支援を積極的に行える体制をつくりあげることが重要である。学校行事の実施においても、昨年度計画の見直し・改善から始め、共通の理念に基づいた内容にしていく。実施後は、評価の視点を明確にして、次につながる振り返りとなるよう努力していく。このような自分の意思を生かした計画実施が成果や自信につながり、組織の力になっていくと考える。児童と直接関わりながら職務を進める機会も多く、指導の成果を実感することもある反面、難しさに直面することもある。具体的場面での指導ができるのも体育関係の組織ならではの利点である。主任教諭としての力

量をあげるため、自身のPDCAにも意識しながら活性化に努める。

（解決策２）体育指導に教科書はなく、単元指導計画などを参考にしながら進めることが多い。特に若手教員は児童と関わる力が十分になく、教室などの落ち着いた環境ではうまくできる指導も、体育館や校庭での自由な空間ではうまくできないこともある。そのサポートのため、各学年、領域の指導案や学習カード、授業に必要な体育用具の紹介などの情報を校内のICT環境の中に入れておき、自由に使用できるようにしておく。しかしそれだけではなかなか授業改善につながらないことから、授業に実際に参加して助言したり、主任教諭の授業を見る機会などをつくったりすることで、より進んだ体育の授業改善を目指す。さらに、体育は実際の動きや授業の流れが分かりにくいことから、文部科学省が提供しているYouTubeや資料が閲覧可能な環境も整える。主任教諭として、個々の教員の状況に応じたきめ細かい対応ができるよう努力していく。

【中学校・高等学校・特別支援学校受験者へのアドバイス及び対応】
　校種の実態に応じて、次のような点に留意しながら表現の変更を考えてください。
❶学校全体の体育関係の職務を担当するのは、中学校・高等学校では保健体育科の教員であることから、主な職務として体育的行事を進めることになります。保健体育の指導について、他教科の教員が関わることはありません。
❷中学校・高等学校では、体育を担当する職務は、教科について精通している教員が行います。このため、組織の活性化という顕著な課題はありません。
❸中学校・高等学校は教科担任制のため、教科外の教員が保健体育を指導することはなく、教科内容に関わる助言や支援の必要はありません。複数の保健体育担当教員がいる場合は、主任教諭としての指導が求められます。

💡 解説

　中学校・高等学校では、保健体育担当が校内の部活動や体育関係の対外的な役割を担っていることが多く、そのなかでの課題解決が求められることがあります。また、部活動との関係からも、生活指導的な課題への取組を任されることも多いでしょう。小学校においては、体育は一番好きな教科に挙げられることも多く、体育の授業の充実は児童も大きな関心を寄せます。複数の学級がある学年では、指導内容などを調整して行うことが大切です。

　「主体的・対話的で深い学び」を保障するためにも、教員の体育指導の力量を高めていくことが求められます。教員が一方的な指導を行うことは、児童・生徒の成長を阻害することにもつながりかねません。　　　　　　　　　（山田修司）

食育担当

(1) 課題

　現任校は２校目であり、教員経験は８年目である。今年から初めて食育担当になり、学校全体の計画推進に携わっている。学校では、栄養士とともに**❶学校給食**における食育の在り方や、授業での取組をどう進めていくかを考えている。そのなかでは、指導計画の具体化と具体的指導内容の検討の２点が課題となっている。

①学校給食を基盤とした食育の推進

　食育を考える上で具体的な対象として有効なのは、毎日の給食である。当然昼食としての役割だけでなく、食育の教材として、また指導の場としても大切な時間である。その推進の指導計画を栄養士と協力しながら進めていくことが求められている。

②授業での食育の推進

　❷食育の推進は給食の時間だけでなく、各学年の授業のなかでも行っていく必要がある。理科、生活科、家庭科、体育科などの各教科や総合的な学習の時間のなかで食と関係する学習内容を検討し、年間の指導計画を作成していくことが大切である。具体的実践を進めるなかで、各学年での指導の内容を精選してまとめていき、全体としての計画を組みあげていく。

(2) 課題解決のための取組

①　給食の時間を有効活用するためには、しっかりとした年間の指導計画を作成していく必要がある。毎日の給食の時間に、**❸栄養士**が放送や配布文書等で行う指導、ランチルームでの給食の機会に、教員と栄養士がティームティーチングで行う指導などである。その指導内容は、各教員に任せるのではなく、主任教論として一定の内容をつくりあげる必要がある。そのためにも、栄養士と協力しながら、各学年が年間のどの時期にそのような内容の指導を行うのか、そのことが毎日の献立等とどのように関係し、教材としての役割を果たしているのかを分かりやすくまとめ、各教員がそれをもとに給食の時間に指導できる体制を整えていく。進めていくなかでは、課題や児童の実態に応じて内容を変更する必要がある。それに柔軟に対応するためにも、個々の課題を集約しやすいＩＣＴを活用した連絡体制の構築や日々の栄養士との連絡などを行い、変更内容を各教員が把握しやすい体制をつくり、内容の充実を目指していく。

②　食育の推進は各教科の指導内容との関連を考えながら進めていくことも大

切である。各学年の各教科の指導内容と食育との関連を一覧で分かりやすく示し、各学年の了承を得ながらどのような形で教科指導に組み込んでいけるかを検討していく。どのくらいの時間数をあてられるのか、指導の内容をどうするか、栄養士や栄養教諭などとのティームティーチングの形をどう導入するのかを明確にして、学校全体に示し理解を得ていく。また、家庭での取組に広げていける内容があれば、あわせて考えていく。これら授業として取り組んだ実践は、各教員が共有できる形に集約し、いつでも資料や教材として取り出せるようなシステムとして構築できるよう努力していく。特に、ＩＣＴを活用することで、時間に余裕のない教員にとっても実施しやすいシステムとしていく。

【中学校・高等学校・特別支援学校受験者へのアドバイス及び対応】
　校種の実態に応じて、次のような点に留意しながら表現の変更を考えてください。
❶中学校の完全給食を実施していない自治体もあり、給食を対象とした食育の推進が難しい現状もあります。高等学校では、ほとんど給食は実施されておらず、食育は困難が多いものです。特別支援学校では、障害種別や日頃の実施状況が学校によって違うため、学校個々に任されることが多いようです。
❷中学校・高等学校は教科担任制であり、食育担当者が必ずしも各教科の指導内容に精通していないため、各教科の内容と関係させるよりも、総合的な学習の時間や学校行事等に組み込んでいく方が円滑な実施につながる場合が多いと思います。
❸栄養士が配置されていない学校もあり、その場合は食育担当の主任教諭が中心となって指導の場面にも関わっていく必要があります。また、近年は栄養教諭の導入も進み、主任栄養教諭の職も設置されました。その場合は単独での授業も可能です。

🔍 解説

　教科指導と異なり、食育に関する取組の推進状況は、学校によって違いがあります。栄養士や栄養教諭の配置状況、栄養士がいても非常勤で勤務時間が限られているなど、様々な条件のなかでの推進です。食育担当しかいない場合は、負うべき内容も大きく、担当だけではなく学校全体で検討していく場の設定も必要となってきます。

　教科指導に比べて軽視されがちな指導ですが、家庭との連携や地域行事との関連を糸口に活動を展開している例もあり、学校の特色を生かした形で、推進しやすい環境づくりも重要です。まずは、取り組んでみるという教員の意識づけも大切になってくるでしょう。

（山田修司）

予想問題① 令和5年度
予想問題② 令和5年度
実施問題 令和4年度
実施問題 令和3年度
実施問題 令和2年度
実施問題 平成31年度
実施問題 平成30年度

養護教諭

(1) 課題

　養護教諭となって10年目、現在の学校が２校目である。養護教諭は学校内では一人職であり、組織の一員としてどう関わればよいのか自問自答してきた。主任養護教諭となることで、主任という立場で考え、できることを確認し、学校組織のなかでの職責を明確にできると考えている。児童の心と体に関わる問題は多様であり、現任校の課題としては、次の２点が挙げられる。

①児童の健康づくりのための体制づくり

　児童の健康に関することについては、保健指導と保健学習があり、❶保健学習は学級担任が指導し、保健指導について養護教諭が計画的に進めている。両方の指導は密接に関係しているが、現状では個々の教員の進め方に任されている。二つの指導が互いを補完し合いながら、児童の健康づくりに有効となるような体制づくりが重要であると考えている。

②児童の心の悩みに寄り添うための支援体制づくり

　児童の心の悩みに対する相談には、学級担任、スクールカウンセラー等いろいろな人が関われる体制ができている。そのなかで、❷保健室は学級とは違った形での受け皿になっている。そのような様々な支援体制のコーディネーター役を担うのが主任養護教諭だと考えており、組織が有効に働いていくための方策を考えていくことが求められている。

(2) 課題解決のために

①　養護教諭は一人での仕事ではあるが、保健室に関する校務分掌は三人で進めている。保健指導についても、年間の計画や指導内容についても組織で対応している。しかし、３年生以上で行われている体育の中の「保健」の学習は、学級担任が行っている。内容によって、養護教諭が授業に参加し関わることはあるが、直接指導していく場面は少ない。主任養護教諭として健康づくりに関わるために、学校全体の健康に関する指導を分かりやすく一覧にまとめ、それぞれの内容の関わりも明確にしながら、具体的な指導に結びつけていく。また、体育主任と連携し、学校全体・学年・学級のそれぞれのレベルでの健康づくりの具体策をつくり、指導に生かしていく。現在ある児童の健康に関する情報の一元化を図り、学校職員がいつでも閲覧しながら現状を知り、その後の指導に役立てていけるようにしていく。

②　現任校には特別支援学級が設置されていないことから、着任１年目から特

別支援教育コーディネーターの仕事もしていた。保健室は教室に入れない不登校気味の児童の居場所や、学級担任に相談できない児童の相談役など、成績や学級での人間関係と関係のない場所としての機能も果たしている。現在、₃特別支援教室も設置され、支援を要する児童の指導の場も充実してきている。様々な児童の心の問題に対応するためにも、個々のもつ機能を整理し、それぞれの関わりを見直すことで新たな効果が見えてくると考えている。そのような営みの中心となって、課題をまとめ解決への道筋をつくっていく。月に1回の特別支援教育に関する会合でも内容を心の問題にまで広げながら情報共有できる体制をつくっていく。

【中学校・高等学校・特別支援学校受験者へのアドバイス及び対応】
　校種の実態に応じて、次のような点に留意しながら表現の変更を考えてください。
❶中学校・高等学校では、保健学習は保健体育の教員が全ての生徒に対して行っており、小学校のように個々の学級担任と関わりをもって進めることはありません。その意味では中学校・高等学校の方が連携しやすいでしょう。
❷小学校以上に中学校・高等学校では教育相談の機能をもっており、また求められてもいます。スクールカウンセラーは週1～2回の来校が多く、それ以外の日には養護教諭がその役割を果たしていることが多いのが現状です。
❸小学校・中学校での導入は完了しています。高等学校の特別支援教育については、未定な部分も多く、今後の課題となっています。

🔆 解説

　ほとんどの学校では養護教諭は一人配置であり、健康づくりなどの課題については、主たる立場として進めていくことになります。経験を積んでいけば力量を発揮できますが、学校の中の健康づくりの組織を生かして職務にあたっていくことも大切になってきます。学校全体での健康づくりの内容や進め方があり、それぞれの担当の機能を発揮させ、全体を統括していく役割が養護教諭には求められています。

　また、いじめや不登校、体罰など、児童・生徒の心の悩みに寄り添っていかなければならない問題も多くあり、個々の教員の力量に頼っていくだけでは解決できません。学校全体の課題ではありますが、養護教諭の果たしていく役割も少なくありません。学校や校種によって事情が違うので、そのことを踏まえながら対応策を考えていくことも必要です。養護教諭が果たす職務の可能性は大きく、重要性もさらに増しています。　　　　　　　　　　　　　（山田修司）

自分たちで学校を変える！

教師のわくわくを生み出す

プロジェクト型 業務改善 の ススメ

[著] 澤田真由美

先生の幸せ研究所代表／
学校専門働き方・組織風土改革コンサルタント

四六判／216頁／定価2,310円（本体2,100円＋税10％）

「どうせ変わらない」とあきらめていた学校が、「自分たちで
変えられる学校」へどう変化したのか。そこにいる人たちの
「わくわく」や「こうしたい」という願いを原動力に、誰もが当事
者になって進められる「プロジェクト型業務改善」を、2つの
学校と1つの教育委員会の実践をもとに紹介！

好評発売中！

本書の内容

- 1章 ▶ プロジェクト型業務改善の目指すところ
- 2章 ▶ 「自分たちで学校を変えられた！」──桜丘小学校の実践
- 3章 ▶ 「どうせ変わらない」から「本音の話し合いで変わることができる！」へ
  ──セントヨゼフ学園の実践
- 4章 ▶ 「教育委員会の幸せ」が「学校の幸せ」につながる
  ──枚方市教育委員会の実践
- 5章 ▶ プロジェクト型業務改善のススメ

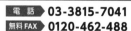

平成20年度～令和４年度主任教諭選考
「受験者数・合格者数・倍率」

教育開発研究所調べ

受験者数は令和２年度にピークを迎え、中学校種以外での減少が見られます。特に小学校種での減少が顕著です。合格者数は全校種でここ３年間横ばいとなっており、倍率もほぼ変わらない状況となっています。

●凡例

[受験者数]

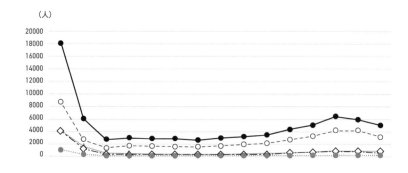

	平成20	平成21	平成22	平成23	平成24	平成25	平成26	平成27	平成28	平成29	平成30	平成31	令和2	令和3	令和4
小学校	8770	2638	1438	1744	1739	1717	1557	1724	1982	2155	2779	3277	4179	4020	3499
中学校	4312	1442	574	585	540	533	538	689	591	588	832	882	1068	956	955
高等学校	4202	1641	572	503	414	383	372	397	461	568	624	754	988	873	680
特別支援学校	1085	379	166	182	185	234	183	186	182	173	183	187	228	195	160
合計	18369	6100	2750	3014	2878	2867	2650	2996	3216	3484	4418	5100	6463	6044	5294

[合格者数]

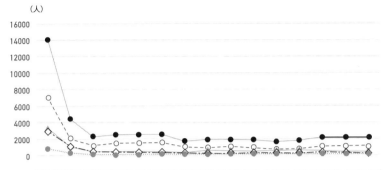

（人）

	平成20	平成21	平成22	平成23	平成24	平成25	平成26	平成27	平成28	平成29	平成30	平成31	令和2	令和3	令和4
小学校	6978	1976	1213	1476	1549	1549	1002	909	1039	911	707	756	1062	1195	1161
中学校	3286	1026	456	476	474	463	337	603	525	486	540	620	553	567	510
高等学校	2916	1107	455	415	354	324	236	236	187	289	225	237	376	346	315
特別支援学校	804	298	137	149	163	213	124	169	166	154	160	171	168	148	136
合計	13984	4407	2261	2516	2540	2549	1699	1917	1917	1840	1632	1784	2159	2256	2122

[倍率]

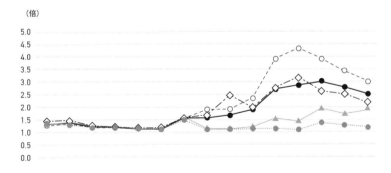

（倍）

	平成20	平成21	平成22	平成23	平成24	平成25	平成26	平成27	平成28	平成29	平成30	平成31	令和2	令和3	令和4
小学校	1.3	1.3	1.2	1.2	1.1	1.1	1.6	1.9	1.9	2.4	3.9	4.3	3.9	3.4	3.0
中学校	1.3	1.4	1.3	1.2	1.1	1.2	1.6	1.1	1.1	1.2	1.5	1.4	1.9	1.7	1.9
高等学校	1.4	1.5	1.3	1.2	1.2	1.2	1.6	1.7	2.5	2.0	2.8	3.2	2.6	2.5	2.2
特別支援学校	1.3	1.3	1.2	1.2	1.1	1.1	1.5	1.1	1.1	1.1	1.1	1.1	1.4	1.3	1.2
合計	1.3	1.4	1.2	1.2	1.1	1.1	1.6	1.6	1.7	1.9	2.7	2.9	3.0	2.7	2.5

東京都公立学校の校長・副校長及び教員としての
資質の向上に関する指標 （令和5年2月改定版　東京都教育委員会）

誰一人取り残さず、すべての子供が将来への希望を持って、自ら伸び、育つ教育を目指して

　教員の資質の向上に関する指標は、教育公務員特例法に基づき、公立の小学校等の教員の任命権者が、文部科学大臣が定めた指針を参酌し、その地域の実情に応じて策定するものです。
　東京都教育委員会では、令和4年8月に改正された国の指針を踏まえ、指標を改定しました。
　東京都公立学校の教員には、東京都の教育に求められる教師像が教員としての普遍的な資質の素地であることを踏まえ、成長段階に応じて求められる役割や身に付けるべき力等を自覚し、生涯にわたって資質の向上に努めることが求められます。

「未来の東京」に生きる子供の姿

■ 自らの個性や能力を伸ばし、様々な困難を乗り越え、人生を切り拓いていくことができる
■ 他者への共感や思いやりを持つとともに、自己を確立し、多様な人々が共に生きる社会の
　実現に寄与する　　　　　　　　　　　　　　　　（東京都教育施策大綱　令和3年3月）

東京都の教育に求められる教師像

●教育に対する熱意と使命感を持つ教師	●豊かな人間性と思いやりのある教師	●子供のよさや可能性を引き出し伸ばすことができる教師	●組織人として積極的に協働し互いに高め合う教師
・子供に対する深い愛情 ・教育者としての責任感と誇り ・高い倫理観と多様性に配慮した人権意識	・温かい心、柔軟な発想や思考、創造性 ・幅広いコミュニケーション能力	・常に学び続ける意欲 ・一人一人のよさや可能性を見抜く力 ・教科等に関する高い指導力	・経営参画への意欲、協働性 ・高い志とチャレンジ精神 ・自他の安全を守る危機管理力

教諭	主任教諭	指導教諭	主幹教諭	主幹教諭 （管理職候補）	副校長	校長

教員が身に付けるべき力　　　　学校マネジメント能力

公教育に携わる者として磨き続けるもの

教職に必要な素養	教員が身に付けるべき力		学校マネジメント能力	
	学 習 指 導 力		学 校 経 営 力	
	生活指導力・進路指導力		外 部 折 衝 力	
	外部との連携・折衝力		人 材 育 成 力	
	学校運営力・組織貢献力		教育者としての高い見識	

特別な配慮や支援を必要とする子供への対応

デジタルや情報・教育データの利活用

教 育 課 題 に 関 す る 対 応

教員の人材育成では、「OJT」、「Off-JT」、「自己啓発」の三点の手段が相互に関連し、はじめて効果的な育成が可能となります。校長・副校長や主幹教諭等同じ学校に勤務する教員からの指導はもちろん、教員個人の自己啓発、教員同士の相互啓発が醸成され、互いに高め合う環境をつくることが大切です（図）。

　校長は、職場における心理的安全性の確保と多様な教職員同士の関わり合いを軸に、学校が直面する教育課題を組織的に解決することができるようリーダーシップを発揮し、学校組織全体として主体的かつ自律的な研修を推進する体制や教員等が学びに向き合うことができる研修環境を整えることが重要です。

（図）教員の人材育成イメージ

　下の表は、教員について、前頁の指標にあげた「教育課題に関する対応」の主な項目について具体的な内容を示しました。これらは、様々な教育課題の中から、東京都教育施策大綱、東京都教育ビジョン等に基づき、これからの東京都の学校教育を推進していく教員に求められる内容を示しています。

教育課題	教員に求められる具体的な内容
人権教育の推進	・児童・生徒一人一人の人権に配慮した指導を通して、自他の人権を大切にしようとする児童・生徒を育成できる。 ・児童・生徒が人権課題についての正しい理解と認識を深め、偏見や差別意識を解消しようとする態度と実践力を育む指導ができる。
道徳教育の推進	・児童・生徒に、他者への思いやりや、かけがえのない生命を大切にする気持ちを育むことができる。 ・よりよく生きるための基盤となる道徳性を、児童・生徒自らが考え、議論し、行動しながら身に付けられる指導ができる。 ・保護者や地域等と連携し、児童・生徒の豊かな心の育成を図ることができる。
グローバル人材の育成	・児童・生徒に、異なる言語や文化、価値を乗り越えて、新しい価値を創造する力を身に付けさせることができる。 ・コミュニケーション力、異文化への理解、国際社会に生きるために必要なアイデンティティの育成を図る教育を行うことができる。
不登校対応の充実	・児童・生徒にとって魅力ある学校・学級をつくり、豊かな人間関係を育むことができる。 ・不登校の予兆への対応を含めた段階から組織的かつ計画的な支援ができ、個々の状況に応じた積極的な声掛けや関わりなど、早期支援に取り組むことができる。 ・児童・生徒本人と直接会って状況を把握し、デジタル技術の活用による学習支援等、その児童・生徒に応じた多様な学びの場を提供するなど、安心感を与えることができる。 ・保護者や関係機関と連携を図りながら必要な支援を行い、対応の改善を図ることができる。
いじめ防止、自殺予防等に係る取組の推進	・いじめの未然防止・早期発見・早期対応、自殺予防、虐待やヤングケアラー等の早期把握など、児童・生徒の小さな変化に気付き、適切に支援するための具体的な取組を、保護者や地域、関係機関等と連携しながら組織的に推進できる。 ・児童・生徒のSOSを確実に受け止め、適切に支援できる。 ・児童・生徒のSOSを出す力及び周りのSOSに気付ける力を育成できる。
安全教育の推進	・安全教育の生活安全、交通安全、災害安全の３領域及び学校における安全教育の目標や内容を踏まえ、児童・生徒に危険を予測し回避する能力と他者や社会の安全に貢献できる資質や能力を身に付けられるよう指導できる。 ・学校における安全管理について、自校の危機管理マニュアル等を理解するとともに、事件・事故等が発生した際、管理職への報告や、教職員間の情報共有を図るなど、迅速かつ的確に判断し、対応できる。

東京都公立学校の校長・副校長及び教員としての資質の向上に関する指標

本指標は、教員自らが資質の向上に努められるよう、職層や成長段階に応じて身に付けるべき力を示しています。なお、現在よりも下位の職層や成長段階で示されている力は、既に身に付いているものとして構成しています。

教　員

職層・成長段階	教諭 基礎形成期 1〜3年目	教諭 伸長期 4年目〜	主任教諭 充実期 9年目〜
求められる役割や能力	○学習指導、生活指導や学級経営において直面する課題に対して、適切に対応する。 ○学習指導、生活指導や学級経営における教員としての基礎的な力を身に付けるとともに実践に生かすことができる。	○主任教諭を補佐しながら、分掌組織の一員として職務を遂行する。 ○自分の能力開発について謙虚に自己研さんに励み、知識や経験に基づく実践力を高めることができる。	○主幹教諭を補佐しながら、校務分掌などにおける学校運営上の重要な職務を遂行する。 ○教育指導の専門性を活用し、校務を処理するとともに同僚や教諭等に対して助言や支援を行うことができる。

公教育に携わる者として磨き続けるもの　「使命感」「教育的愛情」「人権意識」「倫理観」など

職層・成長段階	区分	教諭 基礎形成期 1〜3年目	教諭 伸長期 4年目〜	主任教諭 充実期 9年目〜
教職に必要な素養 — 教員が身に付けるべき力	学習指導力	・学習指導要領の趣旨を踏まえるとともに、教育課程に基づく教育育成の質の向上を図ることの意義を理解し、ねらいに迫るための指導計画と評価計画の作成及び学習指導をすることができる。		・「個別最適な学び」と「協働的な学び」の一体的な充実に向けた、学習者中心の授業をすることができる。
		・児童・生徒の学習の状況や指導計画・評価計画を振り返り、授業改善を図ることができる。		・同僚や教諭等と協働した授業研究や、指導上の課題を捉えた指導・助言をすることができる。
		・児童・生徒の興味・関心を引き出し、個に応じた指導を行うことができる。		・授業改善や授業評価について、実態や課題を捉え、解決策を提案することができる。
		・児童・生徒の学びを実践に努め、各教科等の専門的知識を身に付けるとともに、授業に生かすことができる。	・教材の研究及び開発に関心を寄せ、各教科等の専門的知識を深めることができる。	
	生活指導力・進路指導力	・児童・生徒の良さや可能性を伸ばしながら、キャリア教育の計画を立てることができる。	・児童・生徒の個性や能力の伸長及び社会性の育成や自己実現を図る指導をすることができる。	・自校の多様な課題について、解決策を提案することができる。
		・生活指導上の課題に直面した際、他の教員に相談しながら解決することができる。	・他学級等の生活指導上の課題について共に対応し、効果的な指導方法について教育することができる。	・児童・生徒の様々な思いや悩み等を受け止め、学校生活への適切な支援・援助を行うことができる。
		・心身の発達の過程や特徴を理解し、児童・生徒と信頼関係を構築し、授業や学級での規律を確立することができる。		・児童・生徒一人一人の可能性や活躍の場を引き出す集団づくりを行い、児童・生徒に自己有用感をもたせることができる。
	外部との折衝力	・保護者会等の進め方を理解し、保護者と良好な人間関係を構築することができる。	・学校への情報発信や広報、関係機関からの情報収集を適切に行うことができる。	・関係機関に対し自校の考えを明確に示すとともに、情報収集を適切に行うなどして、円滑な関係を築くことができる。
		・課題に応じて、他の教員・保護者・地域・関係機関と円滑なコミュニケーションを図り、連携協働を通じて解決に向けて取り組むことができる。	・他の教員・保護者・地域・関係機関と連携協働し、課題を解決することができる。	・自身や学校の強み・弱みを理解し、他の教員・保護者・地域・関係機関との連携協働を通じて、教育活動をより充実させることができる。
	学校運営力・組織貢献力	・学校及び学年等の組織の一員として校務に積極的に参画することができる。	・担当する分掌において、学校の企画・立案や改善策を提案するなど、校務へ積極的に参画し、組織内で自らの役割を果たすことができる。	・主幹教諭を補佐し、職務を遂行するとともに、担当する校務分掌の職務について、同僚や教諭等に指導・助言することができる。
		・担当する分掌の職務及び役割を理解し、適切に対応しつつ校務を処理することができる。		・学校の課題を捉え、対応策等について管理職や主幹教諭に提案することができる。
		・児童・生徒の安全に関する知識、思考力、判断力や行動力、危険を予測し回避する能力、他者や社会の安全への貢献力の向上のための指導をすることができる。		
特別な配慮や支援を必要とする子供への対応		・特別支援教育等に関して身に付けた知識に基づき、児童・生徒の実態を把握するとともに、他の教員・保護者と連携して個別指導計画等を作成し支援することができる。		・多様な児童・生徒のニーズに対応するために必要となる知識や方法を身に付け、学習上・生活上の配慮や支援を工夫することができる。
デジタルや情報・教育データの利活用		・デジタル技術の活用や、情報活用能力の育成に向けた授業を実施することができる。	・デジタル技術の効果的な活用や、情報活用能力の育成に向けた授業を実施することができる。	・デジタル技術の活用や情報活用能力の育成に関する、適切な指導計画を作成し授業実践等を行うとともに、同僚や教諭等の指導の状況を把握し、指導・助言することができる。
		・教育データを活用し、児童・生徒の学習改善を図ったり、生活指導に生かしたりすることができる。	・教育データを活用し、児童・生徒の学習改善や生活指導に生かすことについて、初任者等に指導・助言することができる。	・児童・生徒の学習改善を図ったり、生活指導に生かしたりするための教育データの活用方法を提案することができる。
教育課題に関する対応		・教育課題に関わる適切な位置付けや学習指導場面の記述を確認するなどして課題に対する知見をもち、主体的に対応することができる。	・教育課題についての理解を深め、主任教諭を補佐し、分掌組織の一員として、課題解決のために貢献することができる。	・教育課題に関する校務分掌での重要な役割を担い、主幹教諭を補佐しながら、同僚や教諭等に対して指導・助言することができる。

養護教諭と栄養教諭の「指標」はこちらからご覧ください。

172

求められる役割

指導教諭	主幹教諭	職層	教育管理職等		
			教育管理職候補	教育管理職	
			主幹教諭	副校長	校長
11年目～					
○ 都公立学校教員全体の授業力の向上を図る。 ○ 高い専門性と優れた指導力を活用し、自校や他校の教員の人材育成を推進することができる。	○ 管理職を補佐しながら、教員を指導・育成するとともに、積極的に学校経営に関する。 ○ 教員に対して指導・助言し、保護者・地域・関係機関等と連携して担当する校務を処理することができる。	求められる役割	○ 学校経営方針を受けて、他の教員に対してリーダーシップを発揮することで副校長を支え、管理職として必要な学校経営ができる力を身に付ける。 ○ 教職員のコミュニケーションにより自校の課題を捉えて解決を立案し、課題解決に向けて行動する。 ○ 学校内外との良好なコミュニケーションを実践し、学校の教育力を高める方案を提案する。	○ 学校経営方針の具現化に向けた方策を作成・提示し、リーダーシップを発揮して教育活動の改善の中心となり、校長と共に学校を経営する。 ○ 教職員の状況を敏感に捉え、組織的な課題解決に向けて、校長と共に働きやすい職場環境を推進する。 ○ 学校内外とのコミュニケーションの中心的役割を担い、学校の教育力を高める。	○ 学校内外の実態把握に基づいた学校経営方針を作成・提示し、広い視野でリーダーシップを発揮して学校改善を推進する。 ○ 教職員の状況等を的確に把握し、個々の能力が最大限に発揮できる人材配置と動きやすい職場環境を構築し、推進する。 ○ 学校内外との良好なコミュニケーションを推進して、学校をとりまく関係者の相互作用により、学校の教育力を最大化する。

学校マネジメント能力等

指導教諭	主幹教諭	職層	教育管理職候補	教育管理職	
			主幹教諭	副校長	校長
11年目～					
・模範となる自らの授業を積極的に公開するとともに、自校や他校の求めに応じて授業を観察し、指導・助言をすることができる。 ・教科指導資料等の開発、模範となる教科指導のための教材開発を行うことができる。	・年間指導計画の実施状況を把握し、学年主任や教科主任に指導・助言をすることができる。 ・教育課程に基づき組織的かつ計画的に教育活動の質の向上を図るとともに、指導の年間指導計画等関連プラン、評価計画を作成することができる。	**学校経営力**（学校マネジメント能力）	・学校運営方針に基づき、担当した分掌における課題解決策を提案し、教職員を支え、指導し課題を解決することができる。 ・校務分掌を越えて学校経営に関わる様々なデータや内外環境に関する情報を収集・分析し、改善することができる。 ・コンプライアンスを徹底して、事故等の未然防止のための具体的な方策を提案し、緊急時には適切に判断し対応することができる。	・学校経営方針を実現し、全教職員を適材に配置して、組織的に学校の課題を捉え、指導・助言することができる。 ・学校経営に関わる様々なデータや内外環境に関する情報を収集・整理・分析し、校長に教職員の状況を提示することができる。 ・事故等を想定した事故等の未然防止を具体的に策定し、コンプライアンスの徹底した職場環境を構築することができる。 ・緊急時には適切に判断し、課題解決のための中心的役割を担うことができる。	・学校経営に関わる様々なデータや内外環境に関する情報を多角的に収集・整理・分析し、教職員に課題を明確に提示し、解決することができる。 ・学校経営方針を早期に把握し、課題解決のため、組織が一体となって進むことができる。 ・事故等を想定した未然防止策を策定し、コンプライアンスの徹底した職場環境を行うことができる。 ・緊急時には適切に判断し、迅速な対応を行うことにより状況を打開することができる。
・児童・生徒の実態や能力を把握し、地域・社会と連携しながら、自己実現に向けた生活指導・進路指導の計画を立て、推進することができる。 ・児童・生徒の観察や、他の教員や関係機関との連携による情報収集で、自校の多様な課題を捉え、管理職と連携して、個に応じた指導や集団指導の改善を提案し、実行することができる。		**外部折衝力**	・保護者等から寄せられる意見や要望を副校長との連携を生かして学校内外の関係者との連携を図りながら、対応策を管理職に提案することができる。	・保護者や地域、関係機関等の意見や要望を校長に報告・連絡し、円滑かつ適切な活用や解決の具体的な方策を実践するとともに、校長の助言を受け、適切に対応する。	・保護者や地域、関係機関等との信頼関係を構築・協働しつつ、連携に保護者・地域住民の声を活用した学校経営を行うことができる。
・他の教員と協力するとともに意思の疎通を図り、職務遂行上の課題や能力開発について補助に応じた助言をすることができる。 ・保護者・地域・関係機関からの要望等に対して、円滑かつ迅速な対応を図ることができる。		**人材育成力**	・授業や学級経営等について他の教職員に指導・助言するとともに、人材育成上の情報を管理職に適切に提示することができる。	・校長と共に授業観察等を積極的に行い、全教職員の適性や能力を把握し、個々の教職員に合った能力開発と人材育成を行うことができる。	・多様な情報により人事考課制度を有効に活用し、教職員の能力開発を行うとともに、副校長や管理職候補者等に人材育成・人材育成を行うことができる。
・学校教育を取り巻く環境の変化に合わせて常に学び続けるとともに、指導力の向上に関する教員の人材育成を推進することができる。	・学校教育を取り巻く環境の変化に合わせて常に学び続けるとともに、中・長期的な視点で教育の人材育成を推進することができる。		・教育課題解決のための、教職員のニーズに対応した個々の校内研修やOJT等を推進し、教職員の自律的な成長と継続研修環境を整えることができる。	・教育課題解決のための、教職員のニーズに対応した協働的な校内研修やOJT等を推進し教職員の自律的な成長を支え、人材育成を活性化することができる。
・学校組織マネジメントの意義を理解した上で、校長分掌全体の進行管理や分掌間の調整を行うとともに、管理職と十分協議して、校長の指示の下、学校運営することができる。		**高い教育者としての見識**	・東京都教育委員会及び所属する区市町村教育委員会の教育目標や教育施策を理解し、実践することができる。	・地域・保護者等のニーズを把握し、教育課題や教育施策に関する見識を生かし、学校の教育経営方針を具現化することができる。	・社会の変化を的確に捉え、教育に対する地域・保護者等住民の期待やニーズに応えつつ、中長期的視点と教育改善に基づいて学校経営を行い、絶えず応えることができる。
・主任教諭等への指導・助言や牽引を通して、校内の特別な配慮等が必要な児童・生徒への支援・教育を組織的に推進することができる。 ・特別支援教育コーディネーターやSC、SSW、保護者や外部の関係機関等と連携し、組織的対応を行うことができる。		**特別な配慮や支援への対応**	・特別な配慮や支援への対応に関する校内の体制整備に参画し、具体的な方策を提案することができる。	・特別な配慮や支援への対応に関する体制整備等を推進し、関係機関と連携して充実を図ることができる。	・特別な配慮や支援への対応について、学校全体で取り組むための組織編制を行い、組織全体で推進することができる。
・デジタル技術の効果的な活用等に向けた育成につながる授業を実現することができる。 ・児童・生徒の学習効果を図るために、教育データを活用した授業を提案することができる。	・デジタル技術の効果的な活用等に向けた研修計画の策定や、情報活用能力の育成に向けた学校全体での体系的な指導を推進することができる。	**デジタルや教育データの利活用**	・副校長と共に、授業におけるデジタルの利活用や校内のデジタル化を推進するための具体的方策を提案し、教職員に示すことができる。 ・校内のデジタル等の推進を遂行し教職員に向けて、指導・助言を行うことができる。	・授業におけるデジタルの利活用や校務のデジタル化を推進するための具体的な方策を推進し、教職員に示すことができる。 ・デジタル等を活用した校務の効率化の推進について適切に実施し、評価及び改善を推進することができる。	・学校におけるデジタル化に向けたロードマップを策定し、実現を図ることができる。 ・デジタルを効果的に活用した学校運営の組織編制を行い、点検・評価し、改善することができる。
・教育課題について高い専門性と優れた指導力を身に付け、学校組織における中心的な役割を担うとともに、管理職を補佐し、教員の対応力向上に関する指導・助言をすることができる。		**教育課題に関する対応**	・教育課題についての高い専門性と優れた指導を用いて、管理職に具体的かつ実効性のある解決策を提案し、組織的な解決の中心的役割を果たすことができる。	・学校が直面する教育課題を的確に把握し、校長を補佐して具体的かつ実効性のある解決策を提案し、適切な進行管理の下で、組織に解決することができる。	・学校教育を取り巻く課題を敏感かつ的確に把握し、取り組むべき課題に優先順位を付け、中長期的視点と教育改善に基づいて進行管理の下で、組織的に解決することができる。

173

「職務レポート解答例」ダウンロードのご案内

　本書未掲載の「職務レポート解答例」20本 *1 の PDF ファイルをダウンロードいただけます（アンケートへのご回答が必要です）*2。下記のメールアドレスに空メールをお送りいただくか、または QR コードからアンケートフォームにお進みいただき、お手続きください。

ダウンロード手順

①アンケートフォームにアクセス！

shunin2023@kyouiku-kaihatu.co.jp
へ空メール*3！
※アンケートフォームの URL を自動返信メールでお送りします

②アンケートにご回答ください！

③ご指定のメールアドレスにダウンロードページの URL *3 をお送りします！

④ PDF ファイルをダウンロード！

＊1　令和3(2021)年4月刊行『令和3年度改訂版　東京都主任教諭選考　職務レポート合格対策集』に掲載された解答例となります。刊行当時の情報をもとに作成されています。

＊2　ダウンロードは本書購入者限定サービスです。

＊3　アンケートへの自動返信メールが届いていない場合、メールアドレスが誤っていないか、迷惑メールフォルダにメールが入っていないかをご確認ください。上記を確認しても届かない場合は、他のメールアドレスをご入力してお試しください。

※お問い合わせメールアドレス　online@kyouiku-kaihatu.co.jp

「職務レポートの書き方」動画講義のご案内

講師●佐藤正志先生　収録時間●43分

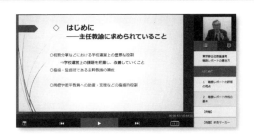 

スマホ・タブレット・PCで
何回でも視聴いただけます。

演習問題をもとに
職務レポートの書き方を
丁寧に解説します。

定価 1,800円（税込）　※受講期間は申込後1年間です

【ご受講の流れ】※受講には、インターネットの接続環境が必要です。

〈1〉 お申し込み：小社ホームページ・お電話（03-3815-7041）・FAX（0120-462-488）

〈2〉 小社より、①受講方法のご案内、②講義資料、③受講料払込票を送付

〈3〉 上記①のご案内に従ってご受講ください

※お問い合わせメールアドレス　online@kyouiku-kaihatu.co.jp

令和5年度改訂版
東京都主任教諭選考　職務レポート合格対策集

2023年4月15日　第1刷発行

編著者……………佐藤正志
発行者……………福山孝弘
発行所……………株式会社教育開発研究所
　　　　　　　　〒113-0033　東京都文京区本郷2-15-13
　　　　　　　　TEL：03-3815-7041（代）　FAX：03-3816-2488
　　　　　　　　URL：https://www.kyouiku-kaihatu.co.jp
　　　　　　　　E-mail：sales@kyouiku-kaihatu.co.jp
　　　　　　　　振替　00180-3-101434
デザイン＆ＤＴＰ…shi to fu design
編集協力……………滝山陽子
編集担当……………大沼和幸
印刷所………………奥村印刷株式会社

ISBN 978-4-86560-569-3　C3037